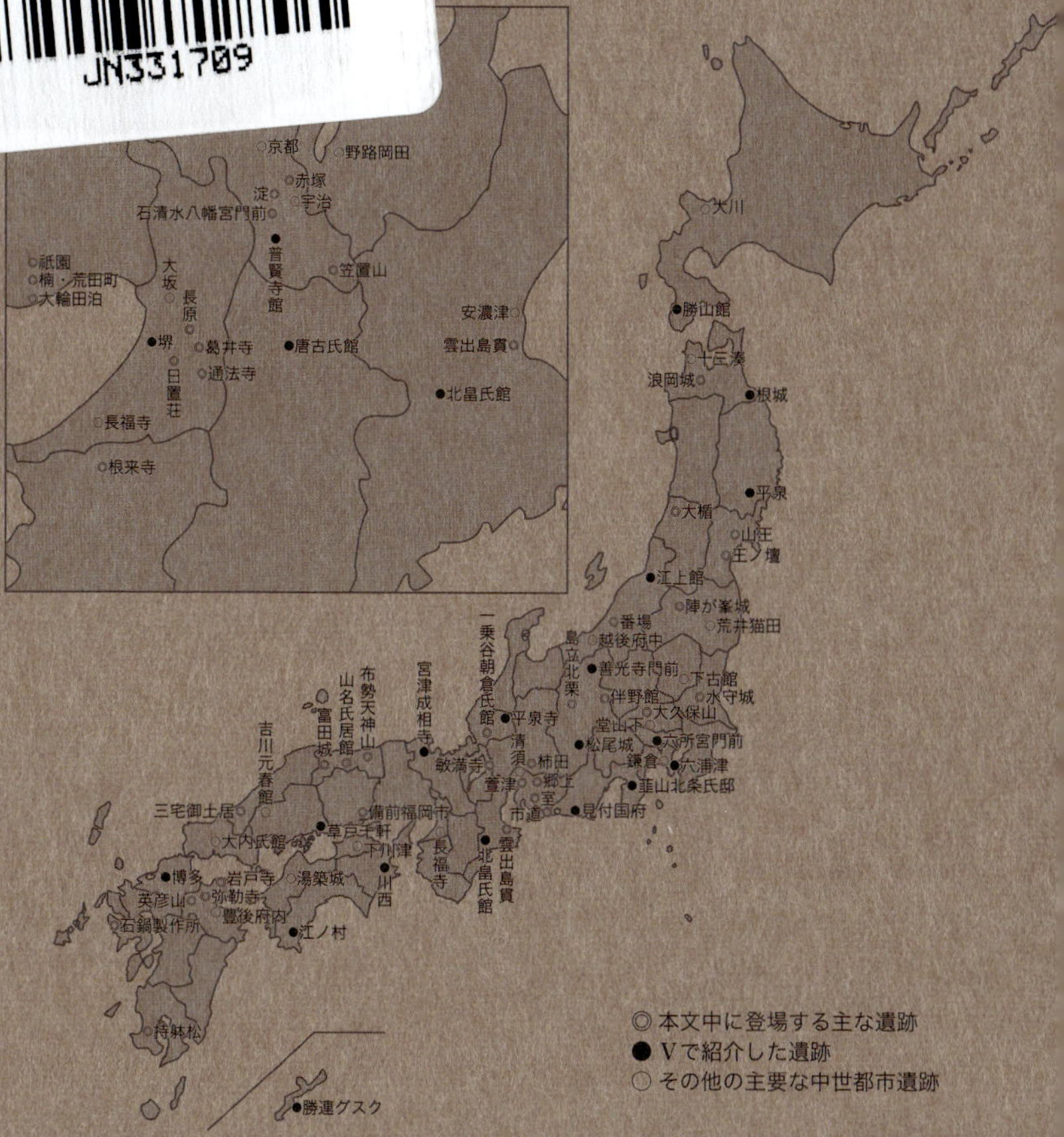

「はじめに」
淀、石清水門前

「Ⅰ-2 中世南河内の歴史的景観復原」
水守城、日置荘、笠置山、葛井寺、通法寺

「Ⅱ-1 信濃国伴野の市庭にて」
王ノ壇、陣が峯城、番場、大久保山、伴野館、島立北栗、雲出島貫、備前福岡市、長原

「Ⅱ-2 平清盛の福原と大輪田泊」
祇園、楠・荒田町、大輪田泊

「Ⅱ-3『沙石集』と尾張国『富田荘絵図』の世界」
萱津、柿田、郷上、室、市道

「Ⅲ-1 石見の館と因幡の館」
浪岡城、三宅御土居、富田城、布勢天神山、山名氏居館

「Ⅲ-2 城塞都市敏満寺遺跡の出現」
敏満寺、岩戸寺、持躰松

「Ⅳ-1 石清水神人と日吉神人」
大楯、山王、日吉大社、石清水八幡宮門前、弥勒寺、英彦山

「Ⅳ-2 東福寺と鎌倉」
赤塚、石鍋製作所

「Ⅴ 寺の城」
根来寺

日本中世都市遺跡の見方・歩き方

――「市」と「館」を手がかりに

鋤柄俊夫 著

昭和堂

扉　写真　『一遍聖絵』に描かれた
伴野の市庭の風景（清浄光寺蔵）

はじめに——中世の姿

平安時代の終わり頃、日本列島全体を巻き込んで、社会に大きな変化がおこった。それは現代社会の源流につながる新しい時代の始まりでもあった。一般に中世と呼ばれるこの時代について、歴史家の石井進氏は、『中世のかたち』（中央公論新社『日本の中世』第一巻）の中で、常識的に思い浮かぶ特徴として、次の五つのポイントをあげた。

第一は政治権力の分散化である。朝廷や幕府、大きな寺院や神社などの様々な権力主体が支配権を行使し、衝突して争乱がもちあがった。第二は軍事専門家層の優越である。武士がこの時代の主人公であったことは言うまでもない。第三は少し難しいが、石井氏は「人間の鎖」の網の目が全体をおおったことだとする。具体的には、争乱の世を生き抜くために御恩と奉公の関係が結ばれた、いわゆる「封建制」を指す。第四は土地の上の権利の重層的な姿である。全国各地の荘園は、最上位の本家から始まり、領家・預所・下司・地頭・公文などの荘官、名主まで多くの関係者が重層的な権利を分有していた。また公領も同様な関係にあった。そして第五が仏教を中心とする宗教の時代である。

さらに石井氏は、これらの特徴が、一般に中世の始まりと考えられることの多い鎌倉幕府成立以前の一一世紀中頃に遡って現れ、その背景には、気候変動とその影響を受けて繁栄した東日本の存在があったとした。中世の姿は平安時代後期から見ることができ、さらにそれは、弥生時代以降の日本歴史に多かった西からの動きだけではなかったことも特徴だったことになる。

このような東国の動きと呼応するように、平安京とその周辺では、第六番目の特徴とも言える大きな社会の変化がおこっていた。

時代はまだ平安時代後期である。宇治では天喜元年（一〇五三）に藤原頼通が平等院阿弥陀堂（鳳凰堂）の供養をおこない、康平四年（一〇六一）に太政大臣に就任した。平安京では延久四年（一〇七二）に白河天皇が即位して、承保三年（一〇七六）に法勝寺の阿弥陀堂供養をおこない、応徳三年（一〇八六）には鳥羽殿の造営を開始した。源頼義が安倍貞任の首を携えて入京したのは康平六年（一〇六三）だった。

古代の律令制社会を象徴するように、整然とした区画で造営された平安京は、周知のように一〇世紀後半頃から左京を中心とした都市へ姿を変えていったが、この時期は、それに加えて平安京の外に王の拠点が築かれ、また源氏という新たな勢力が、その存在をアピールし始めた。時代が大きく変わっていく兆候はいたるところに見え始めていたのである。

そんな平安京から南西に少し離れた桂川・宇治川・木津川が合流するあたりでおこっていたのが、本書のテーマにつながる動きだった。

その地は、古代から南山城の水陸交通の要衝として重視され、山崎の地がその重責を担っていた。しかしこの頃からその役割は淀に譲られ、その後秀吉によって廃絶させられるまで、淀が京と西日本の流通経済を集約した基地として繁栄することになる。そしてそれは同時に、淀のすぐ南西に鎮座していた石清水八幡宮の、門前港湾都市の成立でもあった。

鎌倉時代の紀行文を代表する『海道記』によれば、貞応二年（一二二三）四月四日の暁に、京都の白川から東海道を経由して鎌倉へ向かった主人公は、約二週間後の夕方に鎌倉の由比ヶ浜に着き、多くの船が停泊して家が建ち並んでいる様子を、次のように記した。

「数百艘の舟、とも縄《つな》をくさりて大津の浦に似たり。千万宇の宅、軒を双《ならべ》て大淀渡《おおよどのわたり》にことならず。」（「海道記」『東関紀行・海道記』岩波書店）

また、鎌倉時代の随筆を代表する『徒然草』の第五二段には、仁和寺の僧が石清水八幡宮の参詣に出かけながら、その麓にあった極楽寺と高良社だけを詣り、肝心の石清水八幡宮に詣らずに帰ってきた話を載せている。

これらの史料は、鎌倉時代の淀と石清水八幡宮門前の大いなる繁栄をうかがわせる。そしてこの動きは、平安京内の経済と産業の中心が、東市から市町を経て七条町へ変わっていったこととも連動していた。中世都市京都の成立には、石清水八幡宮を背景に持った、淀という巨大流通センターの出現が深く関わっていたのである。

このような、この時期における流通経済と産業の大きな変化に注目したのが網野善彦氏だった。網野氏は、列島の中世社会が、農業だけではなく、商業や工業、漁業などに従事した人々の活躍によって成立していたことを明らかにしてきた。中世社会は自給自足的な社会ではなく、当初から非自給的な部門がかなりの比重をもち、商工業のある程度の発展を前提としていたとし、具体的には平安時代末期から活発な活動が確認される供御人《くごにん》、神人《じにん》などがその分野を担い、周知のように興福寺領河内国日置荘（大阪府堺市）に給免田《きゅうめんでん》をもつ河内鋳物師《かわちいもじ》は、興福寺ではなく、蔵人所に属する燈炉《とうろう》供御人として自立的な集団をなし、広く京・諸国を遍歴、鍋釜鋤鍬をはじめ穀物・絹布などの売買に専ら携わっていた。

実際に、一九七〇年代後半から進んだ中世遺跡の研究により、流通経済の発展は全国から出土する中国陶磁器が示し、産業の発展は職能民の活発な活動を示す鋳造遺跡などが明らかにしてきた。

そしてその中で最も注目されたのが、職人や商人が集い、遠方からの多くの産物があふれた場所である。史料によってその表現は異なるが、宿であり市であり津であり関であった。また、国府など古代の地域社会において、政治的あるいは宗教的な拠点だったところも、少し姿を変えて、人々が集住し、多くの産物があふれる場所となった。

中世のかたちを表現する第六番目の特徴は、このような商業や産業の発展、そして多くの産物が集まり、人々が盛んに交流し、また集住した宿や津や市や館や寺社とその周辺の姿に見いだされることになる。そこでは、街道や海上を行き交う人々がにぎわい、多くの産物があふれかえっていた。網野氏は、このような場所の代表として、「平安時代末期の京都は、単に天皇の居所というだけでなく、このような人々に支えられ、商工業部門を含む都市として位置づけられる」とした。

こういった場所（都市）は、平安時代終わりのある時期から姿を見せ始め、鎌倉時代になって全国各地に広がった。

『海道記』と共に鎌倉時代の紀行文を代表する『東関紀行』によれば、仁治三年（一二四三）八月十日頃、京都を出発して鎌倉へ向かった主人公は、美濃関山（岐阜県不破郡関ヶ原）を経て株瀬川で泊まった後、萱津を通過するが、その時の賑やかな様子を記したのが次の有名な文章である。

「萱津の東宿の前をすぐれば、そこらの人集まりて、里も響くばかりにののしりあえり。けふは市の日になむ当たりたるとぞいふなる。」

五味文彦氏は中世のイメージを「躍動」と表現した。それは、それ以前には無かった社会のかたちであり、室町時代以後に拡大し、その後の地域社会を特徴づけることにもなった社会のかたちである。

平安時代終わりのある時期から日本列島の社会が大きく変わった。それは現代につながる都市の時代の幕開けだった。現在の社会は、この時に始まった活発な経済活動と地域社会の延長上にあると言っても過言ではない。したがって、中世の都市の姿を明らかにすることは、現代社会が抱える様々な問題を解くヒントにもつながる。

本書ではこのような現代社会の原型とも言える中世の都市について、それが登場した平安時代終わりから完成期の戦国時代まで、その姿かたちを最も具体的に示す遺跡に基づいて検討してみたいと思う。様々に語られてきた中世都市の姿とはどのようなものだったのか。そのキーワードを探して、中世遺跡への旅に出てみたい。

日本中世都市遺跡の見方・歩き方——「市」と「館」を手がかりに

◎目次◎

I

日本中世都市遺跡研究の軌跡と方法

一　日本の中世都市遺跡研究を振り返って

中世都市遺跡をテーマに含んだ代表的な研究書は、『よみがえる中世』と『中世の風景を読む』のシリーズおよび一九九二年の『中世都市と商人職人』（帝京大学山梨文化財研究所シンポジウム記録集）、そして中世都市研究会の編集による『中世都市研究』である。

『よみがえる中世』は一九八八〜一九九四年に刊行され、博多・大坂・鎌倉・津軽と北海道・北関東・越前一乗谷・多賀城と松島・草戸千軒町などの遺跡を分かり易く説明する中で、中世史研究における中世都市と中世遺跡の重要性を明らかにした。

『中世の風景を読む』は一九九四〜一九九五年に刊行され、「蝦夷の世界と北方交易」・「都市鎌倉と坂東の海に暮らす」・「境界と鄙に生きる人々」・「日本海交通の展開」・「信仰と自由に生きる」・「内海を躍動する海の民」・「東シナ海を囲む中世世界」を各巻のテーマとして、中世都市を含めた中世史研究の新たな展開を文献と遺跡の協業の形で示した。

これらはいずれもその後の中世都市と中世都市遺跡研究に大きな影響を与えたが、これらの研究書をふまえて始まった中世都市研究会の活動は、網野善彦・石井進・大三輪龍彦氏を設立期の代表として、一九九三年以来研究集会の開催と、その記録集の刊行を続けており、現在この研究分野の牽引役を担っていると言える。

その最初の記録集におさめられている網野善彦氏の「中世都市研究の現状と課題」に学べば、日本中世都市の研究は、すでに網野氏が一九七六年の「中世都市論」で指摘しているように、基本的に中世社会を封建領主による農民支配に立脚する農業社会と見る中で、「在地領主制論」と「権門体制論」の二つの見方で進められ、それぞれが中世後期の「自治都市」と京都の研究につながっていたと言う。

それが一九八〇年代から、この二つの見方を含みつつ新たな段階にさしかかる。その大きな原動力となったのが、活発な発掘調査とその成果だった。一九六〇年代に遡る草戸千軒町遺跡と一乗谷朝倉氏遺跡をはじめとして、鎌倉、博多、堺、京都、奈良、平泉、上行寺東遺跡、一の谷中世墳墓群、津軽十三湊遺跡などの調査が進む。『よみがえる中世』や『中世の風景を読む』のシリーズは、まさにこれらの調査と研究の成果をふまえて生み出された新しい中世史研究の形であった。

ただし戦前に遡る歴史を持つ中世都市の研究テーマは多岐にわたる。網野氏は、その中で七〇年代後半から八〇年代にかけて、「非農業民」「都市の形成される場」「都市に関する諸制度」などの問題が研究者の関心をひくようになったとするが、文献史料に加えて、「文書にほとんど現れることのない世界――物と人の動きが考古学の発掘によって明らかにされたこと」を重視し、都市を含む総合的で正確な歴史像をとらえるために、考古学をはじめとする諸学の協力が今後も不可欠であることを主張した。

網野氏のこのような発言から始まった『中世都市研究』のシリーズは、それ故各回のテーマと、考古学に関しては取り上げられた個々の遺跡が、今後中世都市遺跡をどのように考え、中世都市研究をどのように進めていくかの大きなヒントを含んでいることになる。そこでここでは、設立期の三人が代表を務めた第十回までの研究会の軌跡を辿りながら、日本中世都市遺跡の見方と考え方を探ってみたいと思う。

平安時代の終わりに始まった社会の変化は、人々が生活をしている風景にも影響を与えた。第一回から第五回までは、中世の中で次第に明らかになっていく都市の風景について、それがどんなものであり、どのような影響によるものだったかについて、文献史学・考古学・民俗学・歴史地理学・建築史学などの歴史系諸分野の間で、共通の認識をはかりながら検討が進められた。

第一回のテーマは「都市とその住人――内部構造と場の視点から」であり、畿内を中心に、完成

中世都市研究会における遺跡研究（括弧内は各回の代表、西暦は開催年）

第一回　都市空間（網野善彦「中世都市研究の現状と課題」）一九九三
鋤柄俊夫「大坂城下町にみる都市の中心と周縁」
續伸一郎「中世都市　堺　都市空間とその構造」
木戸雅寿「考古学からみた中近世集落の発展と都市・町の成立とその問題点」

第二回　古代から中世へ（石井進「中世への転換」）一九九四
千葉孝弥「多賀城から府中へ」
田中則和「仙台市域の中世城館・集落跡」
本澤慎輔「都市平泉の成立と構造」
狭川真一「大宰府の変容」

第三回　津《つ》・泊《とまり》・宿《しゅく》（網野善彦「瀬戸内海世界と中世都市」）一九九五
岩本正二「草戸千軒の発掘調査から」
榊原滋高「十三湊遺跡の発掘調査」
飯村均「陸奥南部の竪穴建物跡を主体とする集落」
松田直則「四万十川流域の中世河津」
玉永光洋「大分県釘野千軒遺跡発見の建物群跡」

第四回　都市と宗教（石井進「宗教と武人の時代、中世」）一九九六
玉永光洋「豊後府内の形成と寺院」
山村信榮「中世太宰府の展開」
齋木秀雄「鎌倉の寺院配置と墓域」
大庭康時「発掘調査からみた博多聖福寺と町場」
宮武正登「中世唐津の市と港」
神田高士「臼杵荘と磨崖仏　遺跡からみる臼杵の中世」

第五回　都市をつくる（石井進「研究集会「都市をつくる」について」）一九九七
岩田隆「城下町一乗谷の成立と変容」
山田邦和「中世都市京都の変容」

第六回　都市研究の方法（網野善彦）一九九八
飯村均「遺跡のかたち、都市のかたち」

第七回　都市の求心力（石井進「中世都市論の課題」）一九九九
宝珍伸一郎「白山信仰の拠点寺院平泉寺における中世都市形成の要素」
古賀信幸「防州山口における城・館・寺」
高桑登・山口博之「米沢城とその周辺」
水澤幸一「越後国奥山荘政所条の都市形成」

第八回　都市と職能民（網野善彦「都市と職能民」）二〇〇〇
鋤柄俊夫「京の鋳物師―七条町と八条院町から―」

第九回　豊後府内の都市と交易（石井進）二〇〇一
坂本嘉弘「考古学から見た中世大友府内城下町の成立と構造」
高畠豊「戦国時代豊後府内の貿易陶磁」
大橋康二「貿易陶磁から見た東南アジアと日本・豊後」

第十回　政権都市（大三輪龍彦）二〇〇二
河野眞知郎「政権都市「鎌倉」―考古学的研究のこの十年」
羽柴直人「政権都市としての平泉」

された都市の姿から中世都市とは何かを考える最初の問いかけがおこなわれた。なお鋤柄は、大阪府庁地点の発掘調査成果をもとに、上町台地の地理情報学的な検討から、三の丸築造で大きく変わる大坂城下町の姿と、台地の上下に分かれて機能していた二元的な都市の構造について説明した。

これに対して主に東北を舞台に古代から中世への転換期をテーマにおこなわれたのが第二回研究集会だった。前章で紹介したように、石井進氏は中世の開始期において東国が果たした役割に注目している。その点で、一〇・一一世紀を境に変質した「古代の国府」と「中世の国府とその周辺」の関係が明らかにされたところに、ひとつの大きな成果がある。こういった、同じ地域の中で都市や都市的な場の相互の関係を意識した見方は、討論の中で網野氏が、「多賀の国府《こう》と塩竃の津という二つのタイプの都市」の成立に注意を促したことにもつながり、その後の都市遺跡研究に大きな意味を持ってくることになる。

第三回のテーマは、言うまでもなく、前章で第六番目の中世の特徴とした網野善彦氏による交通や流通に注目した都市の見方である。中心となった舞台は瀬戸内の草戸千軒町遺跡だったが、村井章介・市村高男・桜井英治氏らによって、広く港湾都市や市に対する議論がおこなわれた。なかでも桜井氏は、現代人からの視点ではなく、「彼らにとっての都市」という立場から、水陸交通に関わる言葉を手がかりに「津・湊・泊・宿・町」を示し、これに「市《いち》」を加えて都市の姿を描き出した。この指摘は、中世都市に対する視野を大きく拡げることになり、同時に報告された各地の中世遺跡を含め、その後の遺跡研究に大きな影響を与えることになった。

第四回の研究集会も、中世史と中世都市にとって不可欠な要素である寺社がテーマにされた。石井進氏の趣旨説明によれば、そのきっかけは、石母田正氏の『中世的世界の形成』に記された浄土教思想が都市的個人意識の宗教的表現だったことにあったとされるが、その難解な課題に対しては、主に考古学から大いに悩まされたとの率直な意見の表明があったとも言う。しかし報告された中世遺跡は、いずれも都市空間における宗教施設の位置について、なかでも町場の成立との関係など、網野氏の指摘する宗教の経済的な側面とあわせ、中世都市における「門前」とその「復原」についての具体的な成果をあげることになった。

第五回のテーマである「都市をつくる」は、すでに石井進氏が『中世武士団』（一九七四）以来関心を持ち、『中世都市と商人職人』（一九九二）の中で議論してきた一乗谷朝倉氏遺跡の町屋を含めた都市づくりについての問題が核となっている。いわゆる「上から」つくられた都市と「下から」つくられる都市、そして「上から」の都市計画を破る「下から」の動きなど、このテーマは、一乗谷に限らず全ての中世都市に関わる問題でもある。その中で一乗谷はとくに、町屋の住人の立場をめぐる二つの立場で議論が続けられており、今回はそれが一乗谷の範囲を含めた問題にまで広がった。なお鋤柄はこの点について、第八回の研究集会の中で、洛中洛外図に描かれた戦国時代の京都「上京」と、一乗谷の「城戸の内」の空間構造の比較が、問題を解く鍵になる可能性を指摘した。

▼──都市遺跡研究の方法

このように第一回から五回までの研究集会は、網野善彦氏と石井進氏との問題意識にもとづき、「日本の中世になにがあったのか」をひとつひとつ確認していったものだったと言える。それは同時に、歴史系の隣接諸科学が協力をして中世都市研究を進めるための方法を模索した過程でもあった。

第六回のテーマである「都市研究の方法」は、このような研究会の経過をふまえたもので、民俗学・考古学・建築史学・文献史学の専門家が、それぞれの立場から中世都市に対する考え方を述べた。それは言わば、第一回におこなった研究会の形に近いものでもあり、この研究会が第二のステージに進んだことを示していた。考古学からは飯村均氏が、京都や鎌倉などの誰もが認める都市遺跡以外の、全国各地で見つかる中世の集落遺跡をどのように考えるかという極めて根源的な疑問を出発点とし、遺跡の表現に対して「都市」から一歩踏み込んだ、「市《いち》」や「宿《しゅく》」などの可能性を提案した。第三回の桜井報告との関係が感じられる。

このような新たな研究の展開を象徴したのが、第七回の「都市の求心力」だった。そして石井進氏は、その中であらためて中世都市についての考え方を整理し、中世都市遺跡も含めたその後の研究の展開に、ひとつの道筋をつけたと考えられる。第三回報告の桜井英治氏もとりあげた、一九九四年の石井進氏の定義（鎌倉考古学研究所編『中世都市鎌倉を掘る』）に基づきながら、それを確認していきたい。

石井氏が中世都市の内的特徴とした三つの要件は、（1）人口の集積地、（2）いわゆる第二次・第三次産業、すなわち商工業や交通・運輸、金融業、（3）そして「公務」等々に従事する人が優越し、広域的なコミュニケーションや交通のネットワークの「中枢」となっていることである。この中で桜井氏も石井氏も、中世都市にとって最も本質的な要素としているのが（3）であり、この「中枢」の原動力につながるのが「都市の求心力」なのである。

例えば豊田武氏や原田伴彦氏の寺社門前・宿駅・港津・（政治関係の）城下町・市場関係などの中世都市の諸類型を、今回のテーマに照らし合わせれば、城下町は（求心力としての）城・館を中心とし、門前や寺内町は（求心力としての）寺や神社を中心とし、石井氏が指摘するように、宿や津や泊などの交通路沿いの都市も、それが形成されていく中で、その内部に成立した城や館や寺などが大きな意味と役割を持っていた。そのため中世都市や都市遺跡は、「館」や「寺」や「市」も含めた、なんらかの「求心力」を持っていることで、広域的なコミュニケーションや交通のネットワークの「中枢」になっていたと言えるのである。

これまで中世都市研究会でとりあげられてきた遺跡は、時代も場所も姿も形もバラエティに富んでおり、何か特定の基準でひとつにまとめることは困難だとされてきた。また特定の都市についても、その性格は単一なものに分類できるわけではない。『東関紀行』に登場する萱津は市であり宿であり、さらに甚目寺の門前でもあった。

けれどもそういった中世都市や都市遺跡の様々な違いを認めつつも、それらを石井氏の（3）の要件であり、また小島道裕氏も『戦国・織豊期の都市と地域』（二〇〇五）で言った、「何らかの機能が集中した地点、すなわち中心地」の視点で見直し、その求心力を石井氏の（2）の要件である商工業や流通（「市」的な面）や宗教的または公的施設（「館」的な面）などで見きわめることができれば、個々の中世都市遺跡は適切に説明できるのではないだろうか。

ただし、このように広く都市と都市遺跡を見ていった場合、第二回の討論で網野氏が「多賀の国《こ》府《う》と塩竈の津という二つのタイプの都市」と言ったように、同じ地域の中で規模や役割の違う都市が存在していることに気づくことになる。地域の中で、それぞれの都市は異なった求心力で成立していた。府中も城下町も津も湊も宿も泊もみな異なった求心力を持った中世都市だった。そして同時に、地域はそれらの異なった都市のネットワークで成立していたのであった。

したがって、中世都市と中世都市遺跡の研究にとって重要なテーマはその形や内部構造と共に、個々の都市の求心力を明らかにし、それぞれの都市が相互にどのような関係（ネットワーク的な面）で地域社会を形成していたのかを説明することにもなる。石井進氏が導き出した第七回以降の道筋はここにあると思う。

そのために必要な作業は、その時代にその地域で、具体的に何があったのかを詳細にかつできるだけ客観的に、大量で多彩な情報を駆使して「復原」することで、それを厳密におこなうことで、様々な求心力を持った中世都市の特質が明らかにされ、周辺の都市との関係を説明する条件が整う。これまでの中世都市研究会の軌跡を振り返る中で、都市遺跡を見るときの重要なポイントは、このような都市遺跡相互の関係を意識したマクロ的でかつミクロ的な遺跡の分析ではないかと考えている。そしてそれを、ここでは歴史的景観復原と呼んでいきたいと思っている。

歴史的景観復原の考え方

中世考古学の研究が、遺物から遺跡へと大きく中心軸の転換を始めている。遺物研究は、中世の考古学研究にとって、最初に必要な年代論をはじめとして、分布の検討による生産と流通の分野でも大きな成果をあげ、その進展に大きな貢献を果たしてきた。

しかし当初から危惧されてきたように、これまでの遺物による編年研究では、使われ方が違った土器や陶磁器であってもその変化スピードを同じにあつかい、また分布研究についても、そのものの最終景観である出土状況は把握されたとしても、それが実際に使われていた間の状況（途中経過）については明確にされえないうえに、出土状況の違いによって分布の意味がまったく異なってくる可能性についてもあまり考慮されることがなかった。

現在の中世考古学に必要なことは、これまでつちかってきた高度で成熟した遺物研究の成果を有効に活用して、考古資料に基づきながら、考古資料に固執するだけではなく、中世史全体を中世考古学の先行研究として取り込みながら、より具体的で臨場感のある、かつ論理的で科学的な形容詞を駆使した歴史叙述をすることである。

それではそのためにどうしたらいいのか。遺物を遺跡に戻し、遺跡を主人公にすることが、まず最初におこなわれなければならない仕事である。遺跡を主人公とすることによって、考古学はその理論と方法のすべてを駆使することが求められる。遺跡が主人公となることで人間が姿を現す。そして遺跡を主人公とした結果人間が見えてくれれば、問題は考古学だけでなく、中世史全体が、そこに否応なく関わらざるをえなくなってくる。これはこれまでの専門を越えた歴史研究の場につながる可能性も生む。

遺跡とは過去に生きていた人々が、生産であれ消費であれ、実際に何かをおこなっていた場所であり、その意味でそれはきわめてストレートに、歴史研究の原点であると言える。それゆえその研究をおこなう、これからの中世の考古学研究の使命は、遺跡を臨場感のある表現によって叙述し、それによってどれだけ中世史全体に新しい歴史像を提案できるかにかかっている。そしてその大いなる実験が、遺跡の総合的な分析の結果である歴史的景観復原の研究である。景観復原とは、ジオラマをつくるための準備作業ではないのである。

ただ注意しなければならないのは、遺構を遺物と同じようにあつかうこと。それでは人間が見えてこないばかりか、ときには遺跡に対して大きな思い違いをしてしまうこともある。

それではそういった遺跡の景観復原とはどのようにしたらいいのか、そのことを最初に少しだけ紹介したい。出発点は地域の設定にある。すべての歴史叙述が人と人の間に起きた出来事をきっかけとしている以上、それにはかならずその出来事が起きた場所がなければならない。その意味ですべての歴史は場所から始まると言っても良い。フェルナン・ブローデルが地中海にそれを求めたように。

そして本書にとってのその最初の場所は南河内であり、人は河内鋳物師と重源だった。次章で、まずはマクロ的に地域を俯瞰し、そしてミクロ的に人間にアプローチする中で、全体の関係を説明する方法を紹介していきたい。

二 中世南河内の歴史的景観復原

1 南河内の中世を歩く

▼はじめに―古代の風景を歩く―

大阪府堺市の東部から南河内郡美原町（現・堺市）を経て、松原市および大阪狭山市にいたる一帯は、都市化の進む大阪市近郊の中でも比較的歴史的な景観を多く残している地域である。現在の風景と明治時代に作られた地図とを比べると、松原市から南の集落は明治時代も現在とほぼ同じ位置にあり、現在に似た風景が、少なくとも江戸時代の終わりまで遡ることがわかる。

しかし古代の郷を調べてみると、その配置は今と大きく異なる。これは、古代と近世の間に、この地域全体に関わる大きな変化があったことを示す。古代の終わりから中世の南河内では一体何があったのだろうか。

それを明らかにするために、最初に古代の風景を確かめながら南河内を歩いてみたい。手がかりは道と地形である。奈良時代以前の南河内には、大阪と奈良をつなぐ二本の街道が走っていた。大津道（長尾街道）と丹比道《たじひみち》（竹内街道）である。

大津道は現在の堺を基点として真っ直ぐ東へ向かい、藤井寺から国分《こくぶ》を経て平城京に至る。丹比道はやはり堺を基点としながら、和泉と河内の国境沿いに南東へ下り、今の中央環状線道路沿いに東へ進み、羽曳野《はびきの》から近つ飛鳥を経て明日香・藤原の地へ至る。

一方地形を見ると、この地域は広い平野部と、そのほぼ中央を北流する西除川《にしよけがわ》を特徴としている。河内長野市の天野山に源を発する西除川は、途中、大阪狭山市で狭山池という大きな溜池を形成し、その北に広がる平野部の水源となっている。

ところがその平野部を細かく見ると、西除川を中心とした両側五〇〇メートル程の範囲は氾濫原の低地であり、そのさらに両外側は、氾濫原から数メートル高くなった段丘上の平坦面なのである。

図 1-1　古代郷と氏族の分布
(「中世丹南における職能民の集落遺跡」『国立歴史民俗博物館研究報告』第 48 集)

なかでも西除川東側の段丘の先には、現在も溜池が連なる比較的大きな谷があるため、建物などが無かった頃の西除川東の風景は、あたかも谷に挟まれて南北にのびる尾根のような姿だったことになる。

　そこでこれらの条件を前提に南河内の古代の歴史的景観を復原すると、西除川沿いの低地は水が豊富で、水田が作られていた可能性がある。しかしその東西の段丘上は、そうでなくても水の少ない瀬戸内式気候ゆえに水田には適さない。畑作は可能であったろうが、一部は荒涼とした原野だったのではないだろうか。

　このような風景の中、難波の海から街道沿いに南河内の中央部を東へ横断して進んだ時、西除川沿いの氾濫低地を過ぎ、その東の段丘に上がって振り返って見下ろせば、そこに広がっているのは、西除川で潤った肥沃な耕作地だったことになる。

南河内の古代郷の中心は、多くが西除川東の段丘上で、しかも東西の街道と交わるところに位置する。南河内の古代郷の配置は、このような自然地形と耕作地と道の関係が、大きな意味を持っていたものと考えられる。では中世の村落配置はどのようなもので、古代の村落配置との違いは何を原因としていたのだろうか。

▼―マクロ的に見る

①耕作地を復原する―歴史地理から見る―

歴史地理学的に中世の村落を推定する場合も、基本的には古代と同様な耕作地の復原が有効である。ただし中世の場合は、現在の村落の配置から、近世以降に出現した村落を見きわめ、現在の風景からそれを取り除くことが最初の作業となる。

そのための最も重要な手がかりが溜池《ためいけ》である。この地域は瀬戸内式気候に属することなどから、古代より水利の困難な場所として知られ、それを補うために多数の溜池が築かれてきた。そこで溜池の形に注目すると、条里地割に対応した方形の「皿池」と、谷を利用した不整形な「谷池」に二

図 1-2　昭和 36 年測量図による丹南の地形と溜池（図 1-1 と同）

分されることがわかる。ところでこの二つの溜池の形は、金田章裕氏の研究により、「皿池」がおおむね近世以降、「谷池」が中世以前の築造と推定されている。したがって、「皿池」の灌漑範囲は近世に開発された耕作地であり、逆に言うとその範囲は中世では耕作地として利用されておらず、それに関わる村落は、中世まで遡らない可能性がある。

次に手がかりとなるのが条里地割である。その内部が、全て耕作地として利用されていたかどうかは問題が残るが、それが古代における耕地開発と深く関係していたことは間違いなく、その意味で条里地割のずれや範囲が、開発の単位や時期の違いを示している可能性も指摘されている。

これらの条件を合わせて改めてこの地域を見直すと、西除川周辺は、言うまでもなく灌漑条件が良好で、条里地割も広い範囲で認められる。しかし、それ以外の段丘上は、基本的に「谷池」とこれをつなぐ水路の北側（下流側）が中世の耕作地に限定され、条里地割の分布も概ねそれに対応していることがわかる。したがって農業生産を前提とするならば、中世の耕作地と村落は、西除川周辺と谷池の灌漑可能範囲に求められることになる。

②系譜を辿る―文献史料から見る―

次に考えることは、中世の村落配置とその前史との関係である。

『日本書紀』にみえる反正天皇元年十月条の「河内の丹比に都をつくる。是を柴籬宮と謂う」や、天武元年（六七二）条の大津・丹比の両道の記事などから、この地が古代より大和と難波をむすぶ重要な地域であったことがわかる。

そのため、この地域の集落開発は古代から進められていたが、このうち平安時代以降の記録を見

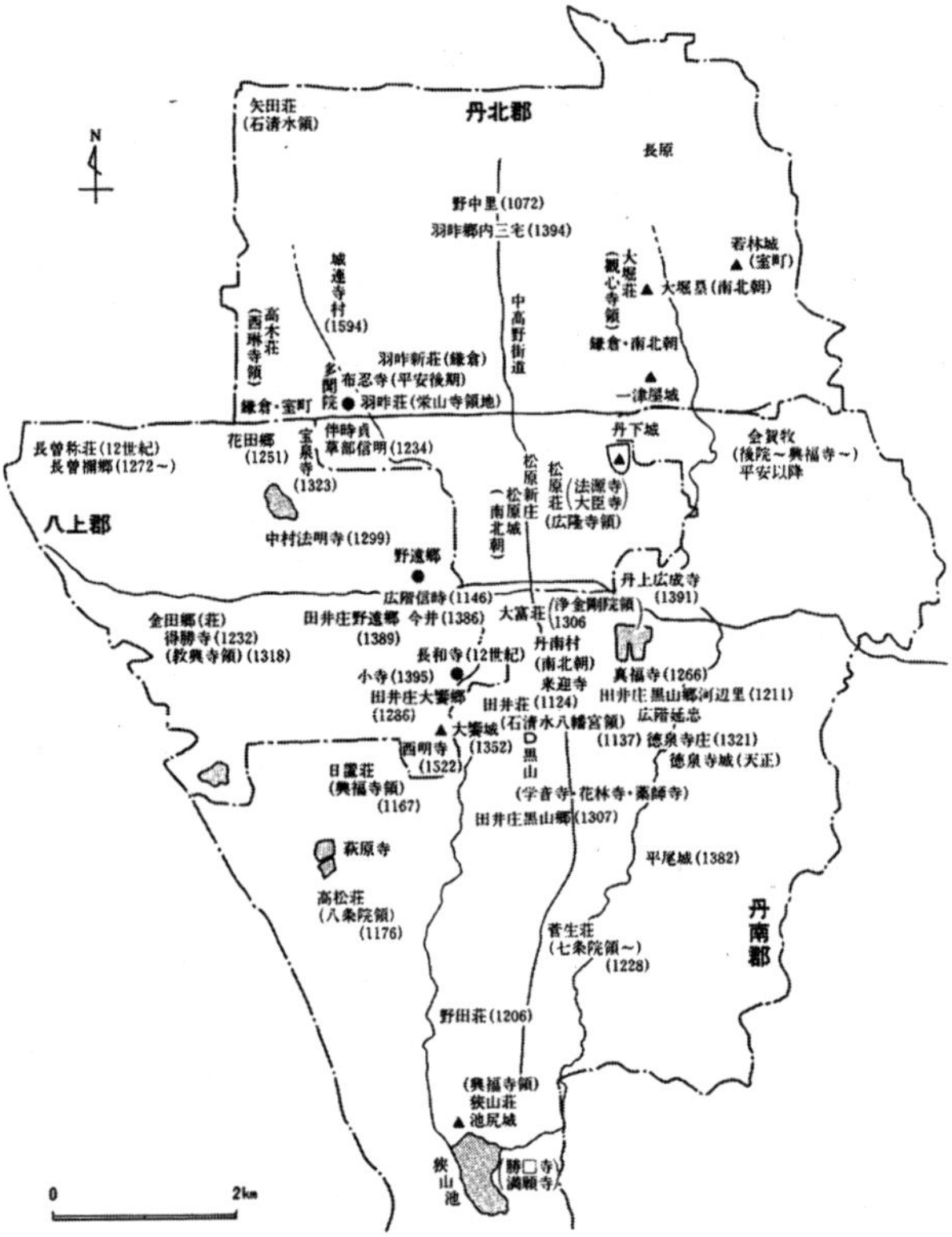

図 1-3　平安時代以降の荘園・寺・城などの分布（図 1-1 と同）

れば、遅くとも一一世紀後半までに、この地域が丹比郡から丹北《たんぼく》・丹南《たんなん》・八上《やかみ》の三郡に分かれ、それぞれ丹北郡は依羅・三宅・田邑・丹下、丹南郡は黒山・狭山・菅生・丹上・野中、八上郡は八下・土師または余戸郷から構成され、この段階で既に多くの村のあったことがわかる。

　これが鎌倉時代以降になると、荘園などの

記録により、北から矢田・長原・大堀・羽咋・長曽祢・松原・会賀牧・金田・田井（野遠郷・大饗郷・上下の黒山郷・同郷河辺里・真福寺）・大富（大保）・日置・高松・菅生・野田・狭山の地名が知られるようになる。

これらは全て同時期に存続したわけではない。けれども、概ね南河内の西部から南部にかけては、古代郷が分割して新たな村落が生まれ、中部から北では大型の荘による古代郷の取り込みが行われた状況と見ることができる。

したがってこの地域の中世村落は、先に見た耕作地の条件を満たすそれぞれの範囲の中で、これらの地名に関係する場所に注目すれば良いことになる。

③移動する村—遺跡から見る—

このように、歴史地理的な見方と文献史的な情報を重ね合わせることで、古代とも近世とも異なる南河内の中世にアプローチすることができる。ただしこの風景は、南河内をマクロ的に見た時のものであり、もう少し個々の村に近づき、古代から中世への変化の具体的な姿を検討する必要がある。その時に対象となるのが、実際の遺構や遺物が見つかっている遺跡である。

堺市東部から松原市と藤井寺および羽曳野の一部を含む範囲には、旧石器時代から近世まで一二四カ所の遺跡が知られている。その時代毎の分布を見れば、古墳時代と中世にピークを持つこの地域の大きな特徴をとらえることはできる。ただしこの分布図では、面積が一万平方メートルの遺跡も百平方メートルの遺跡も同じ点で示されるため、遺跡によって異なる遺物や遺構の量や種類などについては、表現できていないことになる。これは遺跡の情報を十分解釈するための資料とは言えない。

そこでこういった問題に応えるために、条里地割の単位で方眼を組み、その単位毎に遺跡の諸情報(遺構や遺物)を一定の基準で数量化し、遺跡の範囲や内容を加味して、その変化を反映させた分布図を作った。

その結果、これまでの分布図ではわからなかった遺跡の消長(村の盛衰)が、具体的な「大きさ」でわかるようになり、それに加えて、個々の遺跡の消長が、近接する別の遺跡の消長と連動した関係の中で見えるようにもなった。遺跡とは過去の人々の生活の痕跡である村や町や寺や神社などの一部である。したがって遺跡には必ず始まりがあり終わりがある。けれどもそれはある日突然そこで人々が生まれ、また死に絶えてしまったことを示すものではない。多くの場合、それは外からのまたは内部の色々な事情により、人々がそこに住むことを決め、またはそこから移動することを決めた結果なのである。

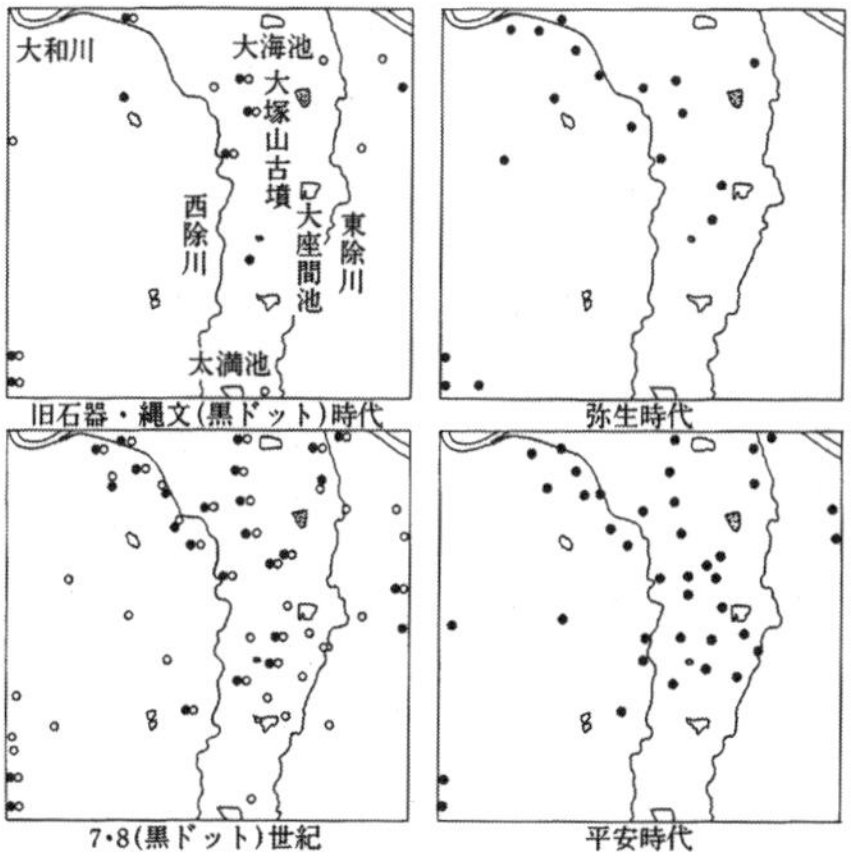

図 1-4　丹南の遺跡変遷（図 1-1 と同）

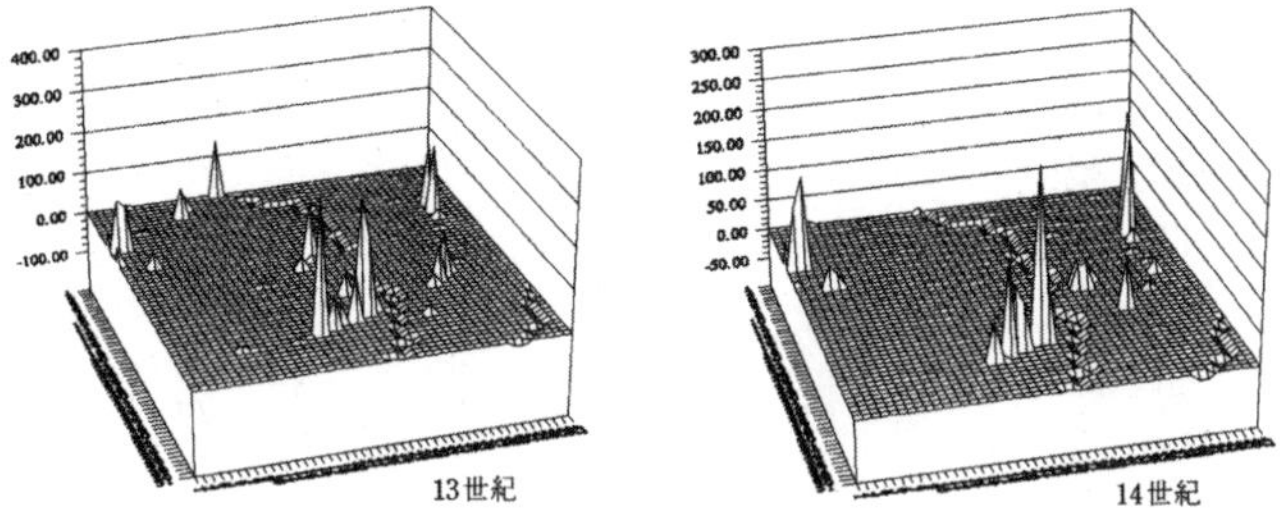

図 1-5　13 世紀と 14 世紀の調査地点の定量分析（図 1-1 と同）

　したがって古代から中世にかけておこった集落の変化とは、古代から中世への過程で見られた遺跡相互の関係の説明に言い換えられることになる。

　そこでその視点でいくつかの遺跡の定量的な分布の変化から集落の移動の様子を見ると、例えば、丹上郷では丹上遺跡で八～一〇世紀の集落が見つかっている。これらの建物群はいずれも竹内街道に近く、官衙的配置あるいは、条里を意識した形態をとっているが、一一世紀以降、それらの集落は全て移動して消えてしまう。

ところで村落が移動する主な理由は、生産環境と外部規制の変化である。したがって丹上遺跡の集落が消滅した理由は、律令的規制の緩みと水利環境の低下に求められ、その移動先は、一定の範囲内で村落の発展に有利な水利環境の場所を探すことで推定できることになる。

そこで丹上遺跡の周辺で、これまで見てきた地理条件や文献史的な条件をふまえて、より生活しやすい場所を探すと、そこに真福寺遺跡が浮かび上がってくる。この遺跡は新しくつくられた集落を示すように条里地割の残存範囲外にあり、立地も水利環境の良い西除川に接する段丘の縁辺にあたっている。

このように、南河内の古代・中世村落は、基本的に一二世紀以降のおそらく鎌倉時代を転換期として、律令的な規制に基づいた古代郷単位の配置から、村落を維持するために必要な水利環境の良い場所に転換していったものと思われる。

ただし丹上郷の南西に位置する黒山郷では、八世紀から現代まで、集落は同郷内でほとんど移動していない。これは八世紀において既に耕地開発とそれに必要な水利が一定の段階に達しており、中世になっても村が大きく移動する必要の無かったことを示す。そしてこの状況は、当郷における

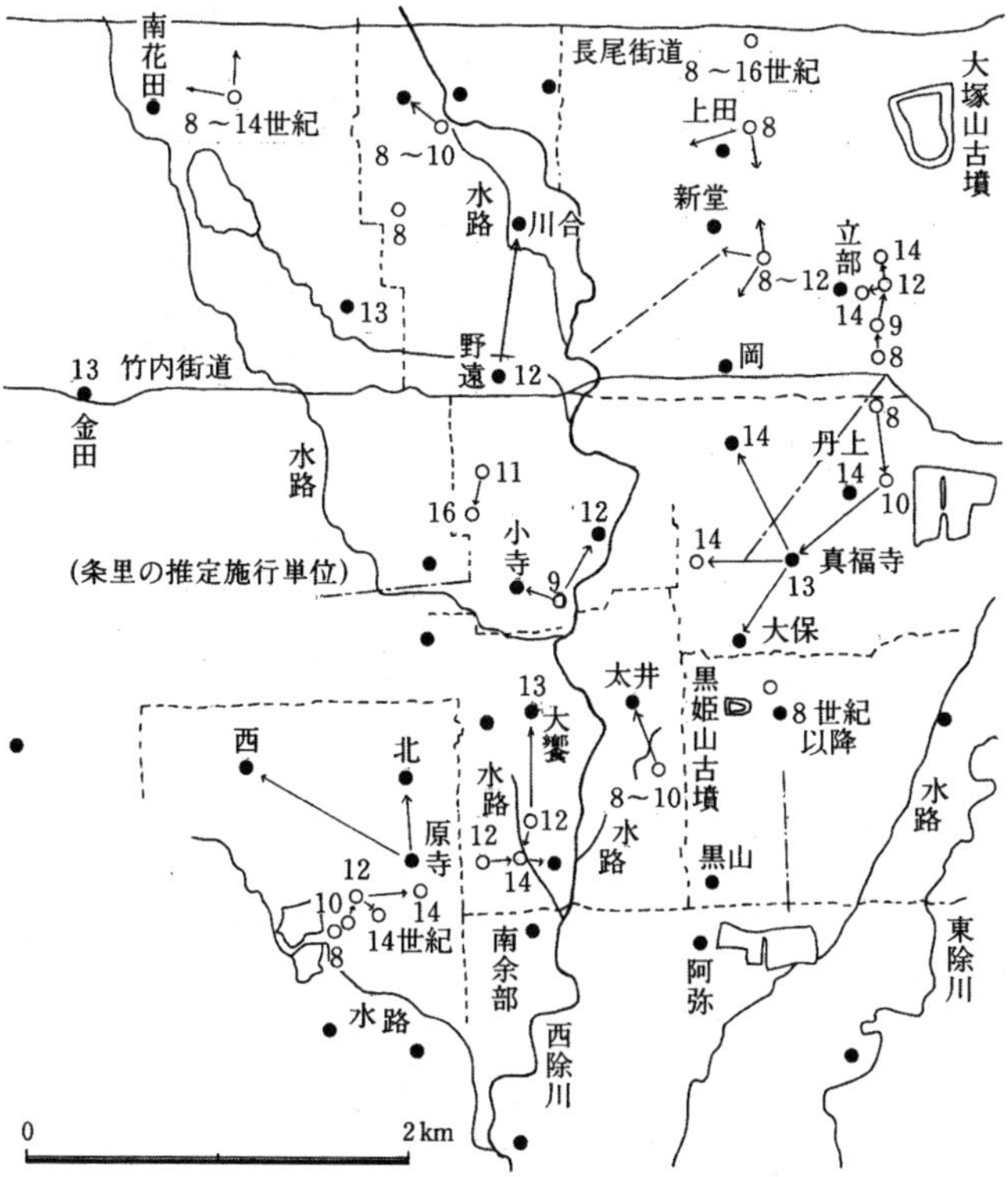

図 1-6　推定される村落の移動（図 1-1 と同）

古代寺社の配置や発掘調査の成果とも矛盾しない。

従って中世南河内の村落は、丹上郷と黒山郷の違いのように、画一的な類型化や一元的な変化の傾向だけでは説明できない、多様な事情を持っていたことにも注意する必要がある。

そこで次には、その多様な事情と変化の具体的な理由を探るために、実際の集落の中に入り込んでみたい。行き先は、南河内のほぼ中央にあたり、平安時代から戦国時代までの遺跡が調査された日置荘遺跡である。

▼――ミクロ的に見る

①日置荘《ひきしょう》遺跡の集落変遷

日置荘遺跡は堺市東北部の日置荘西町〜原寺および美原町西部（現・堺市）の北余部に所在する。発見された遺跡の最終景観は一六世紀であるが、包含層も含めた遺物の数量分布と遺構配置を総合することで、一二世紀から一六世紀までの集落の変遷を復原することができた。

一二世紀は条里地割にしたがって同規模の集落が点在する、いわゆる条里村落の景観が示される。それが一三世紀後半頃になると、前代と同様に点在する集落がみられる一方で、一町半程の間隔をおいて東西の二カ所で五〜七の集落が集合する。またこの時期の日置荘集落を特徴づけるのは鋳造工人の存在であり、調査区西部の一角などから溶解炉の基底部と鋳型を据え付けた土坑が見つかっている。

そして一四世紀には、前代に集合した東西二カ所の集落が、約二町隔てて濠で囲まれた館を中心とした階層的な集落として姿を変える。

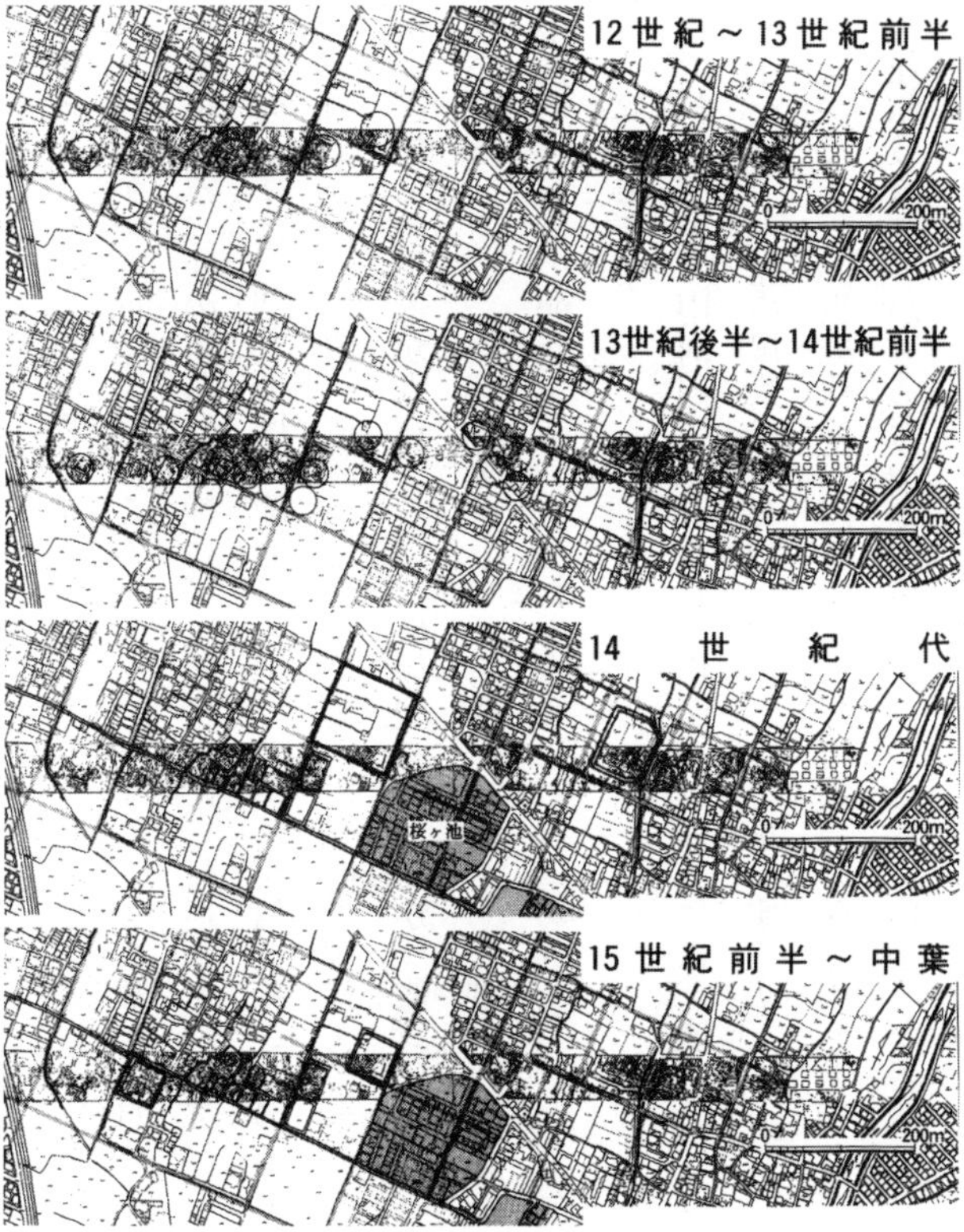

図 1-7　日置荘集落の変遷
(「土製煮炊具にみる中世食文化の特質」『国立歴史民俗博物館研究報告』第 71 集)

このうち西の集落の中心館は、規模がほぼ一町四方で、幅三・六メートルの濠の内側には土塁が設けられていた可能性が高い。館の出入り口は南に設けられ、その外側には約六〇〇坪の中規模な館が、出入り口を東に開き、南北に二つ並ぶ。これらの館の出入り口の先は空き地となっており、そのまま和泉と南河内をむすぶ南側の東西道路につながっている。また中規模な館の西側には、一八〇坪規模の家々が、南の東西道路に面して並んでいる。

ところが一五世紀以降はこの景観が一変する。東の集落では中心館が姿を消し、集落全体の規模も縮小する。西の集落も同様に、一四世紀に一町規模を持っていた中心館は縮小する。そして一六世紀後半には、調査地区の範囲から全ての集落が消えていくのである。

このように、日置荘遺跡をとりまく集落の一四世紀代までの変遷を見ると、平安時代は基本的に条里を単位に集落が点在する小村散居型であったが、鎌倉時代にはそれまでの個々の集落の規模が縮小する一方で、一部は集合してゆるやかに結合した塊村へ変化し、南北朝期は、集合した集落の中に一町規模の館が生まれ、それを中心にした階層的な集落が姿を現すといった変化で説明できることになる。

これは中世の南河内におこった変化が、具体的には、鎌倉時代と南北朝にあり、それが戦国期の変化を経て現在の風景につながっていたことを示す。

なかでも一四世紀代の西の集落は、一町規模の館を中心とした階層的な構造と、街道に沿って軒を連ねる家並みが、あたかも都市的と言っても良いような景観を見せる。その出現背景には何があり、またその実態はどのようなものだったのだろうか。

② 鎌倉時代の風景を歩く

最初の問題は一三世紀代にあった景観の変化の背景である。これまでこのような問題については、一般的には生産性の向上といった見方がされてきた。しかしこの地域には、さらにもう一つ注目すべき要素として、河内鋳物師《かわちいもじ》、そして俊乗房重源《しゅんじょうぼうちょうげん》の存在があった。

河内鋳物師とは、平安時代の終わりから鎌倉時代において、梵鍾から鍋・釜まであらゆる鋳造品をつくって日本全国にその名を知られた金属加工職人であり、彼らはその本拠地をこの地域としていた。その実態については、既に網野善彦氏などにより多くが明らかにされてきているが、発掘調査でも南河内の一帯で鋳造関係の遺物を出土する遺跡が多数発見され、その代表が日置荘遺跡の集落である。

さてその河内鋳物師の行った大きな仕事の一つが、東大寺の大仏再建である。鎮護国家を祈って天平勝宝四年（七五二）に造営された東大寺の大仏は、治承四年（一一八〇）に平家の南都攻撃によって焼失する。復興はすぐその翌年から国をあげておこなわれるが、そこで登場するのが俊乗房重源である。

紀氏の系譜にのる重源は、醍醐寺で出家し、大峰をはじめとする各所で修業をおこない、真言僧としての活動を続けていたが、六一歳の時、この東大寺再建を求められ、爾来建永元年（一二〇六）

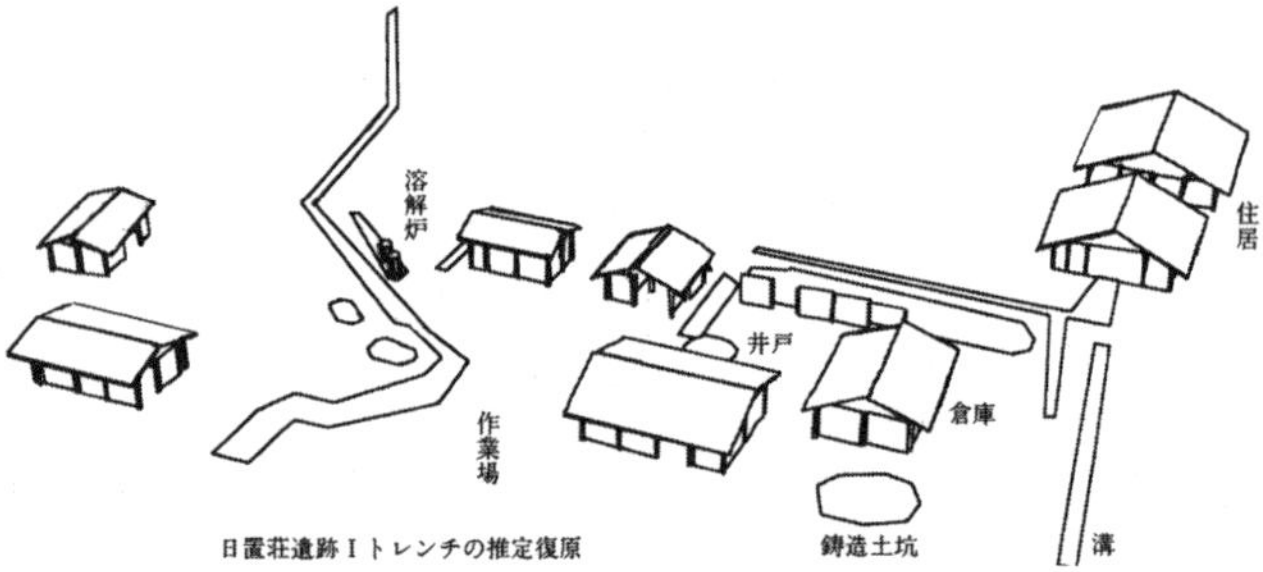

図 1-8　鋳物師集落の復原図（図 1-1 と同）

に八六歳で亡くなるまでその復興に獅子奮迅の活躍をする。

大仏の再建は、当初その困難さにより完成が危ぶまれたが、宋の工人陳《ちん》和《な》卿《けい》の助けを得、これに河内鋳物師も加わり開眼にこぎつける。さらにこの事業に参加した河内鋳物師の一部は、その後も東大寺鋳物師として重源と共に独自の活躍をすることにもなる。ここに河内鋳物師と重源との強いむすびつきがある。

ただし、重源とこの地の関わりはこれだけではなかった。この地域の水源として大阪狭山市に所在する狭山池は、その初現が七世紀初めに遡る。その後数度の改修を経て現在に至っているが、平成の大改修ともいえる工事の調査で、重源が建仁二年（一二〇二）に、この池の堤を修築したという文字の刻まれた石碑が発見された。そしてその時の調査により、最初の築造では堤の高さが西除川西側の段丘上に用水を送るには低く、それが可能になったのは、天平宝字六年（七六二）に行われた大改修以降で、重源はこの堤をさらに高くしていたこともわかった。

つまり、狭山池の造営によって灌漑用水が確保されたのは、最初は西除川沿いの低地部であり、段丘上にはまだ水田をつくることはできず、段丘上に用水が確保されるのは、奈良時代中頃の改修以降だったのである。

しかしこれに加えて遺跡の分布を見れば、西除川西側の段丘上に遺跡が増えるのは鎌倉時代になってからであるため、理屈の上では奈良時代の中頃には、段丘上の水田開発が可能になっていたが、実際にそれを現実的なものにしたのは、重源の狭山池修築であった可能性が高いのである。

重源は、狭山池を改修することで、それまで原野が広がっていた西除川西側の段丘上を、豊かな耕作地に変える条件を整備したのである。日置荘遺跡の鋳物師集落もまさにこの時期にあたる。一三世紀の景観変化の背景の一つには、この重源の狭山池改修と河内鋳物師の活躍があったと言える。

③室町時代の風景を歩く

河内鋳物師の活躍が終息に向かう頃、全国の状況と同じように、堀で囲まれた館を中心とする都市的な集落が南河内でも姿を現す。南北朝期の社会状況に起因するその背景については、次章以降で詳しく見ていきたいと思うが、ここでは、一町規模の館を中心に都市的な様相を見せる西の集落を対象にして、集落を構成する様々な屋敷地の違いとは具体的にどのようなものだったのかを、屋敷地の規模や、出土した土器や陶磁器の量などから検討してみたい。

まず中心となる館から小規模な屋敷まで、敷地面積の規模と構成を見てみよう。最も大きな館は調査区の北に位置し、濠と土塁で囲まれた一町四方の範囲を敷地とし、最も小さな屋敷は約一八〇坪の面積を持ち南の街道に面して並ぶ。これらの館と屋敷に挟まれる形で、ちょうどその中間の大きさの屋敷がある。したがってこの集落は、少なくとも一六以上の館と屋敷から構成され、それらの敷地面積は、少なくとも四つの階層に分けられ、さらに最大規模の館と最小規模の屋敷の格差は、面積にして約二〇倍だったことになる。

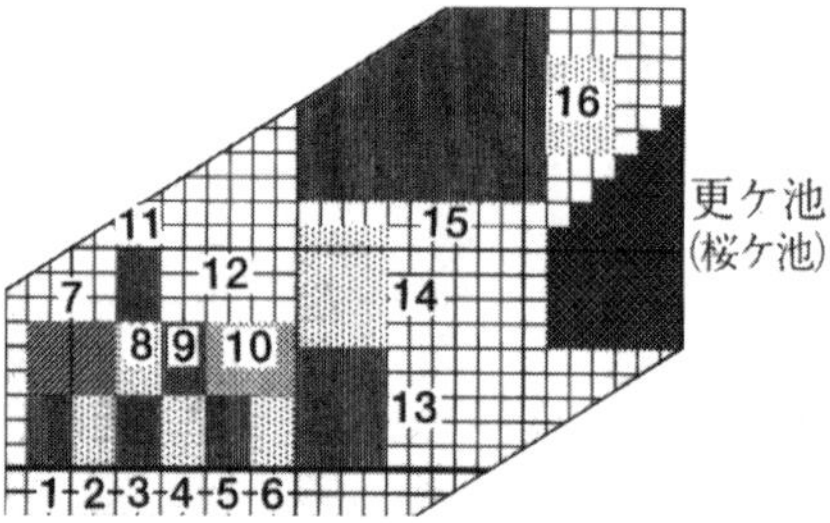

図 1-9　14 世紀の屋敷地の番号（図 1-7 と同）

一方、館や屋敷から出土した土器や陶磁器は、鎌倉・室町時代を通じて、最も身近な素焼きの皿から輸入品の中国製磁器まで、様々な種類の焼きものが見られる。こういった場合、一般的には、これらの焼きものを生産地や種類で分類し、時代や屋敷毎の特徴を明らかにする作業を進めることになる。多くの場合、この作業によってその遺跡の性格を考察することが可能となる。ただしこの作業では、種類の違いは明確にできても量の違いがわかりにくいため、特に屋敷間で生活様式が似ていた場合、それぞれの屋敷のより実態に近い特徴を明らかにしたとは

図 1-10　14 世紀の屋敷地毎の最少個体数の推定（図 1-7 と同）

グループ	屋敷地番号	面積	土師器皿	瓦器碗	土釜	擂鉢	甕
A	1～6・8・9・11	600	10	10	5	1	1
B	7・10・12・16	1,200	20	19	5	1.5	1.5
C	13・14	2,000	100 ～	90 ～	26 ～	7 ～	3
D	15	12,100	320	280	24	12	12

言い難いことになる。

そこでここでは特にその点に留意し、分類した焼きものの破片の重さを時代や種類毎に量り、それを集計した上で、それらを個々の焼きものの標準的な重さで除すことで個体数を割り出し、それをさらに館や屋敷単位に分けることで、館や屋敷毎に使われた焼きものの最少の数を算出してみた（図10）。

これを見ると、例えば一町規模の面積を持つ中心の館は、南の街道に面している最も小さな屋敷の六倍以上の焼きものを持っていたことになる。また、敷地面積で分けた四つの階層毎に焼きものの数を比べると、一町規模の中心館以外は、おおむね敷地面積と焼きものの関係が対応していることがわかる。したがってこれらの焼きものを最も基本的な日常生活品とすることができるならば、一町規模の館の住人はそれ以外の屋敷の住人とは別格の存在であり、その格差を街道に面した屋敷と比べると、敷地面積で二〇倍、住人の人数で六倍程度と仮定できることになる。これは、想像をたくましくすれば、一町規模の館の住人は、街道に面した屋敷の住人より数倍のゆとりある生活環境にあったと言えることになるかもしれない。これらの数値は、一四世紀代の

図1-11　14世紀の日置荘集落の構造（図1-7と同）

人々の生活を定量的に示す指標として今後の検討材料にしたい。

ところでこれらの人々の生活は、それを支えたそれぞれの耕作地面積にも関係している。そこで次には、この集落の耕作地と領域についても推定してみたい。

一般に村や町の領域は、目に見える境界標識や生産域によって推定できる。このうちこの村にとって目に見える境界標識となるのが墓地である。一三世紀代の墓は、遺跡西端の剣池に近い場所に三基あり、一四世紀代と思われる墓は、集落から西に離れた場所でまとまって発見されている。これらの墓は、共に集落から離れた西方に位置し、そこは、集落の立地している平坦面が途切れ、南北にのびる小さな谷地形に変わる。

このような墓の位置と地形の特徴から、この村の耕作地を含めた広い意味での西境はこれらの墓で決められ、一方東の境界は、隣接する東の集落との関係から、おそらく更（桜）ケ池の東辺あたりになると考えられる。

これに対して南北の範囲はどのように推測されるのであろうか。一般論として村の領域の大部分を占めるのは耕作地である。したがってその村が農耕を生業としているのであれば、その領域は、耕作地の範囲を規定する水利によって決定できることになる。

ところで先に見てきたように、この地域の水利は多くが溜池を基にしており、この村にも、水源として最もふさわしい更ケ池が存在する。そのためもし室町時代に更ケ池が存在したならば、この村の耕作域は更ケ池の水利範囲から求められることになる。

一方更ケ池の北約一キロの位置に国分池がある。この池は谷地形を利用してつくられたもので、名称からも中世を起源とする可能性が高い。つまりこの池は、別の耕作地へ水を供給するための水源と推定されるものであり、その点で更ケ池の灌漑範囲の北限は、ここに規定されることになる。

このようにこの村の領域は、墓の位置と水利から推測される耕作地の範囲から、東西六町、南北十町程の面積があったと考えられる。

ところで文治五年（一一八九）の垂水西牧榎坂郷田畠取帳によれば、垂水村には屋敷を含めた田畠が全部で九三町五反余あり、それが七三名の名田から構成されていた。このうち垂水村だけにみえるものは四五人であるが、それを強引に面積で分けると、七町以上が一人、その約半分の二町四反～四町が四人、さらにその半分の八反～二町が一一人、三～七反が一五人、三反以下が一四人となる。これを元にして、仮に三反以下を散田作人《さんでんさくにん》として除外すると、その大まかな面積の比は一二：

六・三・一のおおむね四階層に分けられる。

帰属関係が複雑な畿内荘園の事情は、より慎重に検討する必要があるが、四階層に分けられる日置荘遺跡西村の構成員とその構造を考える際に、この垂水西牧榎坂郷の事例が参考になると考えている。

日置荘遺跡を手がかりに中世の南河内の歴史的景観復原をおこなうと、一三世紀代の変化を生みだした背景には、重源と河内鋳物師の存在があった。日置荘遺跡で見つかった鋳造集落はその象徴である。そして一四世紀代の風景は、堀に囲まれた館を中心とした集落が普及する汎日本的な流れの中でとらえられるものと考える。

ただしその時期の西の村には、もう一つ重要な要素があった。集落の南を走る東西道路の存在である。この村の館や屋敷の配置が、和泉から大和へ向かう東西道路を意識していることは明らかである。さらに陶磁器の種類に注目すれば、中心の館から、この地域ではあまり見られない山茶碗や常滑窯捏鉢《とこなめようこねばち》などの東海系の陶磁器が出土している。これは中心館の主人が、一般と異なった広域ネットワークにつながっていた可能性を示す。

これらの要素は、この村が単なる農村ではないことを示しており、いわば都市的な場であったと言っても良いと思う。したがって中心館とそれ以外の屋敷の格差は、農耕のみを前提に考えてはいけないことになる。

そんな南河内にあった都市的な場を代表するのが、葛井寺の門前である。

2 中世都市葛井寺《ふじいでら》の門前を歩く

▼──藤井寺の戦い

葛井寺とは、日本を代表する巨大古墳の誉田山古墳《こんだやま》で有名な大阪府藤井寺市に所在する真言宗御《お》室《むろ》派の寺院である。現在、近鉄電車の藤井寺駅南東すぐに位置し、西国三十三所観音霊場第五番札所として参詣者が絶えない。その葛井寺の周辺で、南北朝期にひとつの戦いがあった。

岩波書店の日本古典文学大系『太平記』は、慶長八年古活字本を底本にしているが、その巻第二五に「藤井寺合戦事」の章がある。以下少し長いがあらすじを追ってみたい。

二五歳になった楠木正行は、父楠木正成の遺訓を守り住吉・天王寺・中之島を攻撃し幕府を挑発していた。幕府はこれに対して、貞和三年（一三四七）八月九日に細川顕氏らに正行討伐の命令を発する。本文ではその後、幕府軍は八月一四日に藤井寺に着くとなっているが、註によれば、三千余騎の幕府軍は八月一四日に京をたち、一六日に天王寺に着く。そして藤井寺の戦いは翌月の九月一七日におこなわれたとする。戦闘は、（藤井寺に駐留していた？）幕府軍の油断をついた楠木正行軍の活躍により、幕府軍が天王寺から天満橋まで撤退することで幕を閉じ、本文では幕府軍はそのまま京へ戻ったとする。

なお、小学館の新編日本古典文学全集『太平記』によれば、楠木軍は八尾にあった北朝方の城を攻める様子をみせながらすぐに戻って誉田山古墳の陰に隠れ、誉田八幡東の石川河原で侵攻中の幕府軍を背後から攻め、この戦いを勝利に導いたとしている。

中世の南河内を象徴する人物は言うまでもなく楠木正成である。この文章は、彼の跡を継いで南河内を拠点に活躍したその息子の正行についてのエピソードのひとつである。

中世の南河内を対象に都市遺跡を考えようとしたとき、私たちはこの事件からなにを読み取ることができるのだろうか。

手がかりは、この時代の戦闘の形にある。

近藤好和氏によれば、刀剣に象徴される武士の戦いのイメージは江戸時代につくられたものであり、中世以前は弓矢がその主役だったと言う。そして『太平記』に代表される南北朝期の戦闘方法は、「下馬射に象徴される歩射の増加、打物戦の増加に伴う馬上打物の増加、組討戦での投討の増加」であり、それが「室町時代には、戦闘が総体に徒歩でおこなわれるようになり、戦国時代の歩兵集団による組織戦へと移行していく」とする。

つまりこの時期の戦いは、戦国時代のように、川中島や長篠や関ヶ原などの広い戦場を決めて大人数が入り乱れるような形は少なく、あくまで攻撃すべき目標に対しておこなわれるものだったと言えるのである。

図 1-12　京都府埋蔵文化財調査研究センターの調査で発見された笠置寺跡の石組（著者撮影）

例えば、同じ『太平記』の中で最も重要な舞台となった笠置山の発掘調査が二〇〇七年におこなわれた。調査の結果、同時期の建物跡とそれを覆う焼土層が見つかった。けれどもその範囲は限定的であって、全山を覆っているとは思えない状況を示す。

また佐藤亜聖氏の詳細な研究により、治承四年（一一八〇）におこった南都の焼き討ちが、必ずしも南都全体を焦土と化したわけではないことも明らかになってきた。時代は下がるが、応仁の乱の戦闘の中心が現在の上京区の一角であり、洛中全域が焦土と化したわけではないことも、発掘調査と史料が示している。

したがって先の貞和三年（一三四七）の戦いも、あくまで幕府軍による楠木正行の本拠を攻撃するための軍事行動であり、それを楠木軍が迎え撃った場所が藤井寺だったということになるのである。ただしここで注意しなければならないのは、その時藤井寺は偶然戦場に選ばれたのではなく、さらにそのことが南河内の風景を考えるときに、非常に大きな意味を持ってくるということである。

実はこの戦いの直前にも藤井寺周辺ではいくつもの戦いがあった。南朝方の戦功記録である『岸和田治氏軍忠状』によれば、延元二年（一三三七）三月二日に治氏が古市に要害を築く。これに対して北朝方の丹下三郎入道西念は古市城（後の高屋城か）を攻撃したが、治氏は北朝軍を野中寺前から丹下城（大塚山古墳）へ追い込み戦った。なお、この戦いで、野中寺と在家は焼亡したとされる。

続いて延元二年（一三三七）三月一〇日には、北朝方の河内国守護細川顕氏と帯刀直俊らが古市を襲撃。治氏は野中寺東へ向かい防戦し、後退する敵を追って「藤井寺西・岡村」北面にいたり、さらに戦う。これによって帯刀直俊は戦死。また「藤井寺前大路」でも戦闘がおこなわれている。

さらに時代を下げれば、明応二年（一四九三）には、藤井寺と正覚寺に駐屯していた足利義材の親衛軍と畠山政長父子方の八千人にのぼる軍に対して、閏四月二五日に細川政元の軍による激しい戦いがおこなわれている。

『太平記』に登場した時の藤井寺は、南河内における戦略拠点として重要な場所と認知されており、この時期の藤井寺とは、攻められる対象があり、攻めるべき施設があった場所だったのである。そこは偶然幕府軍を楠木軍が迎え撃った場所ではなかったのである。それではそれは具体的には何だったのか。藤井寺には何があったのか。そしてそもそも中世の藤井寺とはどういった場所だったのだろうか。

中世の南河内と言えば、楠木正成のイメージが強い。もちろんそれは間違いではない。けれども、それでは南河内の石川流域と楠木正成の関係はどこから生まれたのであろうか。楠木正成とこの地の関係は偶然だったのだろうか。

実は中世の南河内とは、楠木正成の時代より古くから、日本列島の中で武士と館の起源について、最も意味のある場所だったことが知られている。これまで中世武士団の拠点を考えるとき、そのひとつのモデルが、石井進氏によって常陸平氏の戦略拠点とされた茨城県つくば市に所在する「水守《みもり》の営所」だった。しかしそれに劣らない重要な武士の本拠がここにあったからである。

▼武士居館の源流

誤解を恐れずに言えば、南河内の中世は、源頼信が現在の羽曳野市壺井に館を築いた時に始まった。従って時代はまだ平安時代である。源頼信は藤原氏の興隆が始まる安和元年（九六八）に生まれる。安和の変の発端に関わる源満仲の三男で、満仲同様に藤原摂関家に接近し、「入道殿（道長）の近習の者」とも言われた。各地の守を経るなかで、長元元年（一〇二八）の平忠常の乱で活躍し、源氏の棟梁として名前をあげる。

小西瑞恵氏によれば、頼信と河内との関係は寛仁四年（一〇二〇）に河内守に補任された時に始まり、壺井の邸宅もその時期まで遡ると言う。子の頼義も孫の義家もここで生まれ、頼義は長久四年（一〇四三）に邸宅の一部に壺井堂と呼ばれる観音堂を設け、これが氏寺の通法寺となった。現在その場所は、通法寺跡として壺井の集落の中に遺されている。そして頼信は、永承元年（一〇四六）に石清水八幡宮に願文をおさめた後、同三年（一〇四八）に亡くなり、壺井の邸宅（通法寺跡）の東方山上に葬られる。

その後、義家も続いてこの地を本拠とし、義家は康平七年（一〇六四）に石清水八幡宮を勧請して後の壺井八幡宮の基をつくる。なお頼義は承保二年（一〇七五）に没すると、観音堂（通法寺）の近くに葬られ、義家も嘉承元年（一一〇六）に亡くなるとこの地に葬られた。現在、頼義の墓は通法寺跡の西隣に、義家の墓は頼信の北隣の尾根上に所在する。

藤井寺から石川を遡ったその地は、源頼朝の祖先にあたる河内源氏が本拠とした、武士の館とその周辺の風景の原型だったのである。それでは頼信が築いた壺井の館とその周辺とはどのようなところだったのだろうか。

図 1-13　源頼義の墓（著者撮影）

一一世紀代の居館を遺跡から説明できる事例は極めて少ない。このうち平国香に代表される常陸平氏の本拠については、石井進氏が、『将門記』に登場する水守《みもり》の営所を、武器庫や馬場などを持った城塞と推定し、その様子を次のように説明している。

「村の東北に、台地の端がもっともつきだしたところ、平地からほぼ一五メートルほどの高みに水守城跡がある。直径はほぼ三〇〇メートルの円に近い形である。台地に接する部分は「館堀《たてぼり》」という小字のしめすように空堀によって掘り切られ、「館ノ内」という小字名の部分が外側に突きだしている。堀の外側、すぐ南に「殿坪」という小字があり、その西側は「打出」という」。またマクロ的に見ると、「水守村の付近で、もしも城や館をきずくとすれば、低地のほうへもっとも突出しているいまの水守城跡の地点がまず第一の候補地であることにはまちがいはあるまい」として、中世後期の改変を受けながらも、一一世紀の片鱗を残す武士の館の原形の特徴を示した。

現在、水守城跡中心部は、つくば市の田水山小学校の敷地になっており、水守の集落と接する南を堀が巡り、グラウンドからは館の北に広がる水田地帯を広く見渡すことができる。狭い谷を隔てたすぐ西の尾根上には香取神社が鎮座し、東には筑波山の西麓を南流する桜川が蛇行している。水守の北には平国香が本拠とした石田があり、東を流れる桜川が石田と水守をつなぎ、さらに南流して土浦で霞ヶ浦に注ぎ込んでいる。そして見上げると東北の空にそびえているのが筑波山である。

図1-14　水守宿館跡とその周辺（著者撮影）

時代が下り一二世紀になると、現存する遺跡で館とその周辺の風景を再現できる事例が増えてくる。その最も代表的な遺跡が岩手県平泉町の柳之御所遺跡と福島県会津坂下町の陣が峯城跡である。

このうち次章で触れる陣が峯城跡は、阿賀川が磐越の山並みを抜けて新潟へ流れ出る直前の会津盆地西北部に位置する。東に会津盆地を望む比高差約二〇メートルの段丘縁辺に立地し、眼下には阿賀川支流の宮川が蛇行して流れる。館は、二重の堀で囲まれた不整形な五角形を呈し、一部に土塁も残っている。

これらの風景に共通する特徴を考えると、ひとつには、背後に丘陵をひかえたその麓で、河川に近い段丘上であることが指摘できる。平泉の柳之御所遺跡は、金鶏山と中尊寺を仰ぎ、北上川に隣接して築かれた。現在の水守城跡も、全ての遺構が一一世紀の水守の営所の姿に遡るかどうかはわからないが、霞ヶ浦につながる桜川に隣接し、一五メートルの比高差で耕作地に臨む立地など、陣が峯城跡と共通する点が多い。そして想像をたくましくすれば、源頼朝が最初においた大倉御所は、鎌倉の盆地に出る直前の六浦への道に面しておかれ、脇には滑川が流れ、頼朝の墓はその北の丘陵に築かれた。

▼――壺井館から津堂館へ

ところで、頼信の父だった満仲は兵庫県の川西市に所在する多田を本拠とし、多田源氏とも呼ばれた。『多田満仲五代記』によれば、彼は寛和二年（九八六）に馬で多田盆地を巡り、鼓ヶ滝《つつみがたき》から杓子峠《しゃくしとうげ》までの多田庄の範囲を定めたと伝える。その場所は尼崎で神崎川につながる猪名川中流で、亀岡方面と篠山方面から南下した二筋のルートが合流した位置にもあたる。多田神社は当初多田院として創建されたもので、後に満仲の廟がおかれた。その位置は、多田盆地の西端にあたり、大きく屈曲して流れる猪名川に接して鎮座する。

頼信が館の造営を考えた時、当然こういった地域拠点のイメージが彼の中にあったと思われる。そしてそれに加えて摂関家に接近しながら各地の守を勤める中で自らの拠点として設計したのが壺井の館だった。したがって石川下流右岸周辺の風景とはこの視点で見直す必要があるだろう。

現在の壺井八幡宮から通法寺周辺を眺めれば、その約五〇〇メートル西で支流の梅川と合流した石川が北流する。反対に壺井八幡宮の東は低い丘陵を越えて竹内街道の上ノ太子《かみのたいし》につながる。壺井八幡宮の鳥居から南はまっすぐの道が約五〇〇メートルのび、東に折れて通法寺につながり、さらにまた南へ直線路がのびる。これらの道の配置は、あたかも条里地割の跡にも見えるが、その成立時期は不明である。東に山をおき、西に狭い平坦面をへだてて石川を望む。そのまま北へ走れば大和川沿いに北河内の湖沼地帯を経由して京へつながり、一方東の山を越えれば、大和から南山城の木津川沿いに京都へつながる。ただし共にその距離は長い。必ずしも交通の至便な場所とは言い難く、また肥沃な水田耕作地をひかえているとも思えない。けれども石川の西を南北に横たわる羽曳野丘陵を常総台地に見立てることができれば、この地は畿内の中では珍しく北関東の台地の風景に近い場所だったと言えるかもしれない。

棟梁の館と郎党の集落から構成されるべきその具体的な姿を復原することはできないが、畿内にあった中世武士団の拠点として今後注目されることを期待したい。

ところでこのような平野を見下ろす丘陵上の館とその周辺の風景とは別に、平野部に築かれた館の姿が一二世紀後半に現れる。

次章で詳述する福原の館もそのひとつだが、藤井寺周辺で注目されるのが、津堂遺跡の溝で囲まれた方形館とその関連遺跡である。調査によれば、発見された溝は条里地割と重なる一町四方を巡り、規模は上端が二・七メートル以上で下端が〇・六メートル、深さ一・二メートルで断面が三角形になっている。埋土からは、一二世紀後半の瓦器碗を含む多量の遺物が出土し、さらにこの区画の内部から、東西一八メートル、南北一七メートルの範囲を区画した溝がみつかり、一二世紀末から一三世紀前葉にわたる二時期の建物が復原されている。

また館の西側には「殿本」、北には「塔ノ本」、そしてその西には「高野所」という地名が残り、井戸からは、康和四年（一一〇二）銘の墨書のある曲げ物が井筒に転用されて見つかっている。一

図1-15　津堂遺跡出土の金銅製鳥形金具
（大阪府教育委員会 1992『津堂遺跡』（大阪府文化財調査報告書第43輯））

緒に出土した曲げ物には「平将胤・源親方・藤原宗興」といった人物名と、絹などの進上に関わる文章が記されており、この井戸を含む空間がこれらの人々より上位にあった人物の施設だったことを示している。この調査地からは、ほかに鳥形の金属製品もみつかっており、先の居館と同様に、地域の中で特別の役割を果たした人物の施設だった可能性が高い。

壺井の館とは全く異なった立地と遺構だが、その姿は地域の盟主を象徴する館の特徴を示している。藤井寺とその周辺は、一一世紀に遡る河内源氏の本拠地を前提とし、その後も地域を代表する人物の館が継続して営まれた地域だったと言えるだろう。

▼叡尊と忍性

中世の地域社会の主要な登場人物には、武士と農民以外に、この時代を大きく変えたさまざまな宗教者たちがいた。藤井寺周辺についても同様で、その活躍を最も良く物語っているのが道明寺《どうみょうじ》と西琳寺《さいりんじ》である。

志紀郡土師郷《はにしごう》にあった道明寺は、土師寺とも称され、土師連八島が自家を精舎にしたことを縁起と伝える。現在、天満宮の南に奈良時代前期の創建と推定される寺院跡があり、塔の一部と心礎などの礎石を残す。平安時代に入り、菅原道真のおばにあたる覚寿尼が住持をつとめ、その関係で道真もこの地をおとずれ、また『扶桑略記』によれば、治安三年（一〇二三）一〇月に藤原道長が寺を訪れるなど京にも知られた寺だった。

中世の道明寺は西大寺律宗の叡尊《えいそん》とその弟子の忍性《にんしょう》とのつながりが特徴となる。叡尊の『金剛仏子叡尊感身学正記』によれば、寛元四年（一二四六）の四六歳の時に土師寺において河内一国の諸宿文殊供養をおこない、その夜、同寺の講堂で二百卌六人に菩薩戒を授けたとする。さらに『河州志紀郡土師村道明尼律寺記』によれば、永仁六年（一二九八）四月に、忍性の申し出により、鎌倉幕府は西大寺をはじめとする三十四箇寺の僧尼寺に守護の介入を禁じたとされている。

一方古市寺とも呼ばれた西琳寺は、王仁《わに》の子孫にあたる西文《かわちのふみ》氏が欽明天皇のために造立したと伝えられ、境内から七世紀末に造営された法起寺式伽藍配置の遺構が発見されている。また道明寺と同様に土師氏が建立に協力し、桓武天皇が丈六の盧遮那仏を献じたともされる。

鎌倉時代に入りこの寺をやはり叡尊が再興する。さきの『金剛仏子叡尊感身学正記』には、建長六年（一二五四）に河内国西琳寺で二百卌二人に菩薩戒が授けられたとみえる。また弘安四年（一二八二）の太政官牒には、四至内での殺生を停止するとして、東が飛鳥庄、南が岐子庄、西が尺度庄、北が誉田陵という広い範囲が示されている。さらに忍性による永仁六年（一二九八）の『関東御祈祷諸寺交名案』にも西琳寺が登場している。

叡尊と忍性に代表される西大寺流律宗は、醍醐寺三宝院の流れを汲む西大寺密教の法流で、密教と戒律の融合、鎮護国家の祈祷、諸信仰と慈善救済事業などの活動が特徴であるが、彼らはなぜこの二つの寺に関わったのであろうか。

そのヒントになるのが鎌倉の極楽寺である。極楽寺は、六波羅探題をつとめ、西園寺家や後嵯峨天皇とも親しかった北条重時邸内の阿弥陀如来が原型で、北条重時の没後は、忍性を長老とした律院として発展し、和賀江島と鎌倉の海岸部を管理したと言われている。さらに極楽寺に関係する施設として、忍性の時代に山城の郭のような五合桝と一升桝も築かれたことが知られている。これらの遺構が築かれた時期は、元弘の乱で成就院が蹂躙された頃にあたるが、極楽寺の位置が鎌倉の西の玄関口にあたることをふまえれば、西からの二つのルートである極楽寺坂と馬場ヶ谷をおさえる役割がこの二つの遺構と極楽寺にあったのではないかと推測される。

一方こういった叡尊と忍性の事績を畿内で探すと、宇治・安楽寿院・石清水八幡宮がそれにあたる。宇治には石造の十三重塔が建ち、安楽寿院と石清水八幡宮には巨大な石造の五輪塔が残っている。このうち宇治の浮島に建つ十三重塔は、叡尊が弘安九年（一二八六）におこなった宇治橋修築と宇治川の網代《あじろ》停止の太政官符と共に知られ、安楽寿院五輪塔には弘安一〇年の銘がある。詳細な検討はこれからだが、これらの造立に西大寺流律宗の周辺が関わっていた可能性がある。

ところで宇治・安楽寿院・石清水八幡宮の位置を確認すると、宇治は言うまでもなく大和と京都を結ぶ交通の要衝で、その北の木幡は京都から北陸へ向かう時の中継地にもあたる。安楽寿院は鳥羽殿の一角であるが、淀川を遡ってきた荷は、ここで鴨川と桂川に分かれ、朱雀大路につながる鳥羽作道とも交差していた。発掘調査によれば、五輪塔が建つ現在の安楽寿院の北から鎌倉時代の遺構が多く見つかっている。

図 1-16　宇治の十三重石塔
（著者撮影）

また、石清水八幡宮も木津川・桂川・宇治川の三川が合流する交通の要衝で、対岸には後鳥羽の水無瀬が、南東には淀があった。これらの三カ所は、巨椋池《おぐらいけ》の東と北と西を囲む位置にあたり、その意味でいずれも京都南部の水陸交通の最重要拠点だったと言える。

振り返れば、道明寺は東高野街道に接し、その東には石川と大和川の合流点がひかえる。西琳寺は東高野街道と竹内街道の交差点に位置している。両寺の周辺は、古代の餌香市《えかのいち》推定地にもあたり、流通に深く関わった叡尊・忍性と道明寺・西琳寺との関連は、偶然ではなかったことがわかる。

▼――三十三所観音霊場

一方真言宗御室《おむろ》派で本尊を千手観音とする葛井寺は、聖武天皇の勅願により行基が開基し、さらに平城天皇の御願により皇子阿保親王《あぼしんのう》が再興したと伝えられ、また古代志紀郡長野郷などに集住した百済系渡来人葛井連一族の氏寺としても知られる名刹である。

なお正平二年（一三四七）の藤井寺合戦には、楠木正行が戦勝を祈願して大般若経を奉納したと言う。

中世の藤井寺は、「葛井寺後修理瓦　久安三年（一一四七）丁卯三月六日」銘の平瓦によって知られる平安時代終わり頃から、西国三十三所観音霊場として登場する。その最も古い史料は、平等院大僧正とも呼ばれた園城寺の行尊（一〇五五～一一三五）による「三十三所巡礼手中記」で、その八番に剛林寺がみえ、「願主藤井氏人、字藤井寺」とある。続いて藤原忠通の息子で園城寺の僧であった覚忠（一一一八～一一七七）の「三十三所巡礼記」には、その九番として「河内国丹比南郡、剛林寺、字藤井寺、御堂七間、南向、本尊等身ノ千手、願主阿保親王」がみえる。また『拾芥抄《しゅうがいしょう》』の三十三所観音にも登場するため、その存在が平安時代終わりから鎌倉時代に遡ることに間違いはない。

ところでこの三十三所観音霊場とは、観音菩薩を本尊として安置した衆生済度《しゅじょうさいど》や現世利益の霊験所を指し、三十三は観音の変化身の数に由来すると言われているが、『拾芥抄』に記載されている霊場を見れば、北は丹後、東は美濃、西は播磨、南は紀伊までの範囲にわたり、鎌倉時代の京都の人々が、観音霊場として共有していた情報の広さを知ることができる。

但しこれらの寺院の場所に注目してみると、確かに畿内を離れれば人里離れた霊場が多くみられる。けれども『拾芥抄』に記載されている霊場の内、六角堂、行願寺、東山の中山、八坂の長楽寺、清水寺、法性寺、六波羅蜜寺、元興寺、東大寺、天王寺などのように、街中や町の近くにある寺も少なくない。

それを考えると、順路が現行のものとなり、巡礼歌が作られ、西国三十三所の霊場巡りが広く民衆の間に盛行するのは室町時代以降と言われているが、その源流はすでに鎌倉時代にあったようにも思われてくる。観音霊場のひとつを担った葛井寺は、当時から京都の人々にとって良く知られた賑やかな名所として意識されていたのではないだろうか。

藤井寺市教育委員会の調査によれば、近鉄藤井寺駅の北西に位置する北岡遺跡からは、溝で囲ま

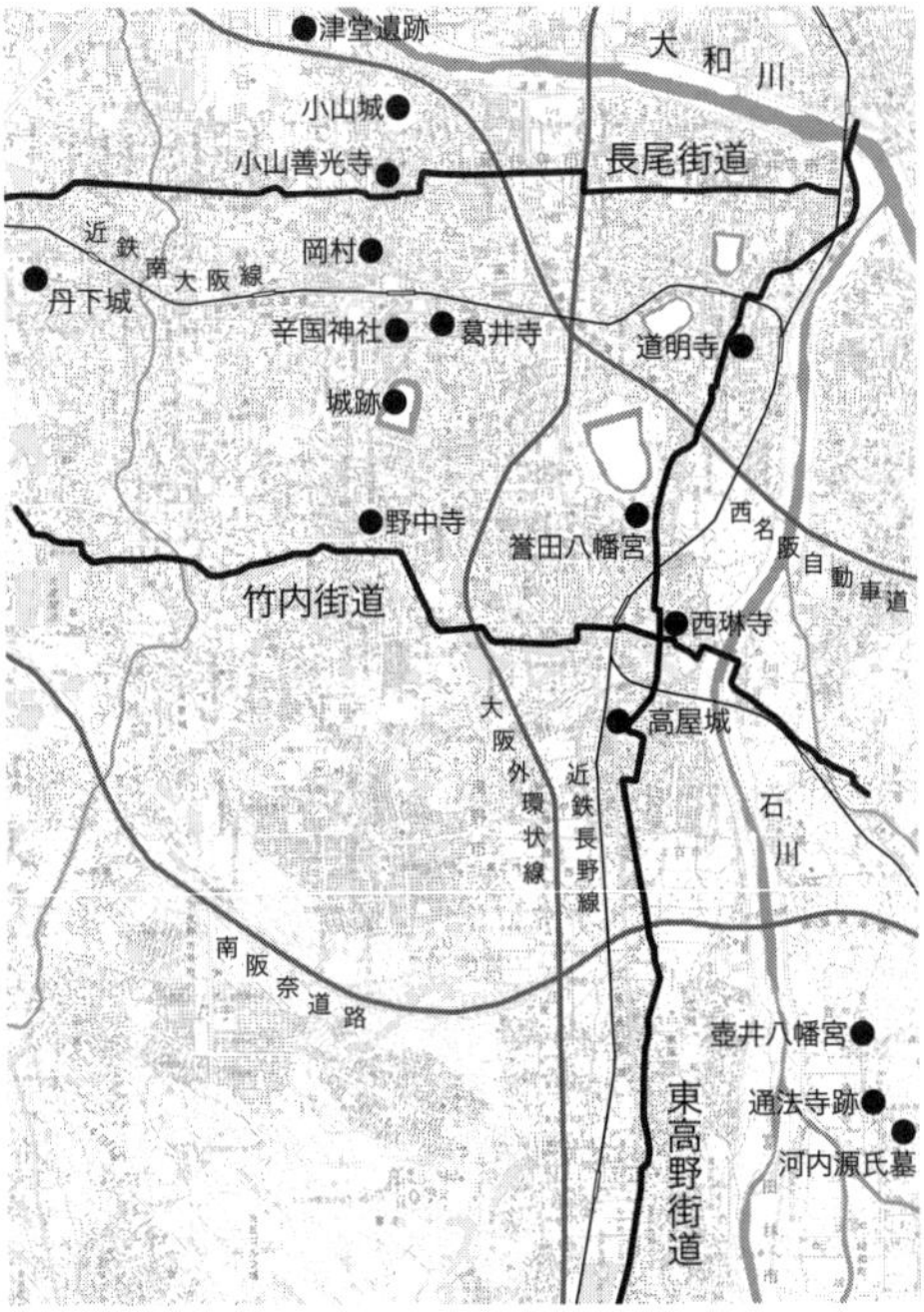

図1-17　藤井寺周辺地図

れた館跡が見つかり、室町時代を中心とした多量の遺物が出土している。その北には、信濃善光寺の参詣曼荼羅を持つ小山善光寺が鎮座し、さらにその北に位置するのが津堂遺跡の館である。葛井寺の周辺には鎌倉時代以降の連続する歴史遺産があり、その点で門前の原型となる集落が展開していた可能性が高い。

　南河内の中世都市遺跡を考えるために、藤井寺とその周辺の様子を見てきた。平安時代には、藤井寺から石川を遡った場所に河内源氏の本拠（壺井館）があった。鎌倉時代には、地域拠点という意味で壺井館と共通する津堂館があり、流通拠点という意味で西大寺流律宗に関係した道明寺と西琳寺があった。そして葛井寺は、鎌倉時代に遡る西国三十三所観音霊場だった。南北朝期に太平記の舞台となった藤井寺は、南河内の中で単独で存在していたのではなく、これらの館や寺などと密接に関係しながら存在していたのである。したがって中世都市藤井寺の風景は、これらの歴史的な環境との関係の中で復原しなければならない。そして中世の都市遺跡を考えるときに、この見方と考え方が最も重要な点なのである。

例えばこの見方で藤井寺とその周辺を見直すと、道明寺と西琳寺は共に寺院ではあるが、同時に「流通拠点」であり、「宿」または「市」の役割も果たしていた。これに対して葛井寺は、古代に遡る地域拠点としての意味で「政所」的な場所にあり、あるいは「生産拠点」の中心地だったと見ることもできる。南北朝期に藤井寺が合戦の舞台になったのは、この理由による。

中世の都市または都市遺跡とは、その遺跡そのものを見る以上に、その遺跡がその周辺のどのような場所や歴史遺産と関わり、それらが地域社会の中で、どのような役割を果たしていたかを見る中で考えていく必要がある。そしてこれまでの検討を振り返れば、その具体的な役割とは、「生産拠点」と「流通拠点」あるいは、「宿（市）」と「政所」、そして「市」と「館」に代表させることができる。

中世都市遺跡の見方とは、その両者の関係と実態を、マクロ的な景観復原とミクロ的な分析から検討し、そしてそのどちらかではなく、両者をひとつのまとまりとして説明することだと考えている。

そして鎌倉時代以降、このような中世都市遺跡を構成する遺跡が、全国各地のいたるところで姿を現してくる。都市の時代に入ったのである。次章でそれを詳しく見ていきたい。

II

鎌倉時代の風景

「市」と「館」

一　信濃国伴野の市庭にて
館の成立とその背景

▼伴野の市庭・小田切の里の館

五味文彦氏は、市と館の風景が示す意味を説明するために『一遍聖絵《いっぺんひじりえ》』のふたつの場面をとりあげた。最初は岡山県長船町（現・瀬戸内市）にあった備前福岡の市から岡山市西大寺に推定されている藤井の政所にかけての場面である。弘安元年（一二七八）の冬、一遍は九州での修行を終え、故郷の伊予を経て京都へ向かう遊行の途中で藤井の政所を訪れる。描かれている館は、網代垣で囲まれた切妻《きりづま》の板屋根の建物である。主人である吉備津宮の神主の子息は留守だったが、妻は一遍の勧めにより出家する。これに対して帰ってきた主人が一遍を追ってやってきたのが福岡の市だった。

五味氏は、このようにこのエピソードが藤井の政所と福岡の市との二つのテーマから構成されて

図 2-1　『一遍聖絵』に描かれた伴野の市庭の風景（清浄光寺蔵）

いることに注意を促す。「市」は単独で描かれたのではなく、「館」も含めた一連の流れの中で意味を持つというのである。

　五味氏がとりあげた二つめの場面は、弘安二年（一二七九）の春に京に到着して因幡堂に宿した一遍が、その年の秋に善光寺に参詣し、その後に訪れた長野県佐久市野沢の伴野《ともの》の市庭《いちば》から小田切の里の館へかけての場面である。伴野の市庭の情景は福岡の市の賑やかさと対照的に、牛が放牧され、犬に向かって石を投げようとする乞食や、倒れそうな樹木で閑散とした雰囲気が強く漂っている。

　この伴野の市庭で歳末の別時の念仏をおこなった一遍は、続いて同県臼田町にあたる小田切の里の武士の館に呼ばれて行く。館の縁には一遍がたち、母屋には亭主夫婦が座り、侍が縁の端でそれに仕える。

そして前面の庭で有名な踊り念仏が繰り広げられる。

一方伴野の市庭と館の間には、頭に曲物《まげもの》を載せた女の一行が描かれる。彼女たちは館を出て一遍の一行に供養するために食事を運んでいる。五味氏はこれを、「供養の線」という。そして五味氏は強調する。「一遍らへの供養は小田切の里の館の武士から侍を通じて提供された。供養の線は小田切の里の武士から発して市の乞食にたどり着いて終わることになる」。『一遍聖絵』に描かれた二つの市の図は、周辺の館との密接な関係の上に成立していた」のであると。

中世都市遺跡の具体的な特徴が検討される中で、問題となってきたひとつのテーマが「市」と「館」それぞれの姿と相互の関係である。一般に室町時代の館は、土塁と濠で囲まれた方形居館のイメージが定着している。けれども鎌倉時代の館とその周辺の風景は、必ずしも明確になっているとは言い難い。五味氏の指摘はその点で非常に大きな意味を持つ。

そこでここでは最初に、『一遍聖絵』に導かれて絵画資料に見える館の姿から、この問題に入っていきたい。

▼描かれた館を読み解く

『一遍聖絵』に描かれた信濃国の館は、先の小田切の里の館と、それに続いて一遍が訪れた大井荘地頭大井太郎の館（佐久市岩村田に推定されている）であるが、これらの館について、文献史研究の立場から検討を加えたのが郷道哲章氏である。氏は館の立地と構造に注意しながら両者の姿を再現する。

小田切の里の館は、石の階段らしきものを登って館の庭に出るように描かれている。そのため、館は高台に立地し、しかも館の周りには細い用水路が巡り、灌木などの生垣があった可能性がある。一方、大井太郎の館は、高台には立地していないが、やはり館の周りには細い用水が流れて、その用水は、建物の前面を横切るものと、水田に流入するものに分かれる。またその近くには、生垣のような遮蔽物も描かれている。

そして氏はこれらの表現から、一三世紀後半頃と推定される小田切の里と館や大井太郎の館には、室町時代の館の特徴である土塁と深い堀で囲まれた方形館の特徴は見られないとする。

一方、建築史研究の立場から、描かれた館に注目したのが玉井哲雄氏である。

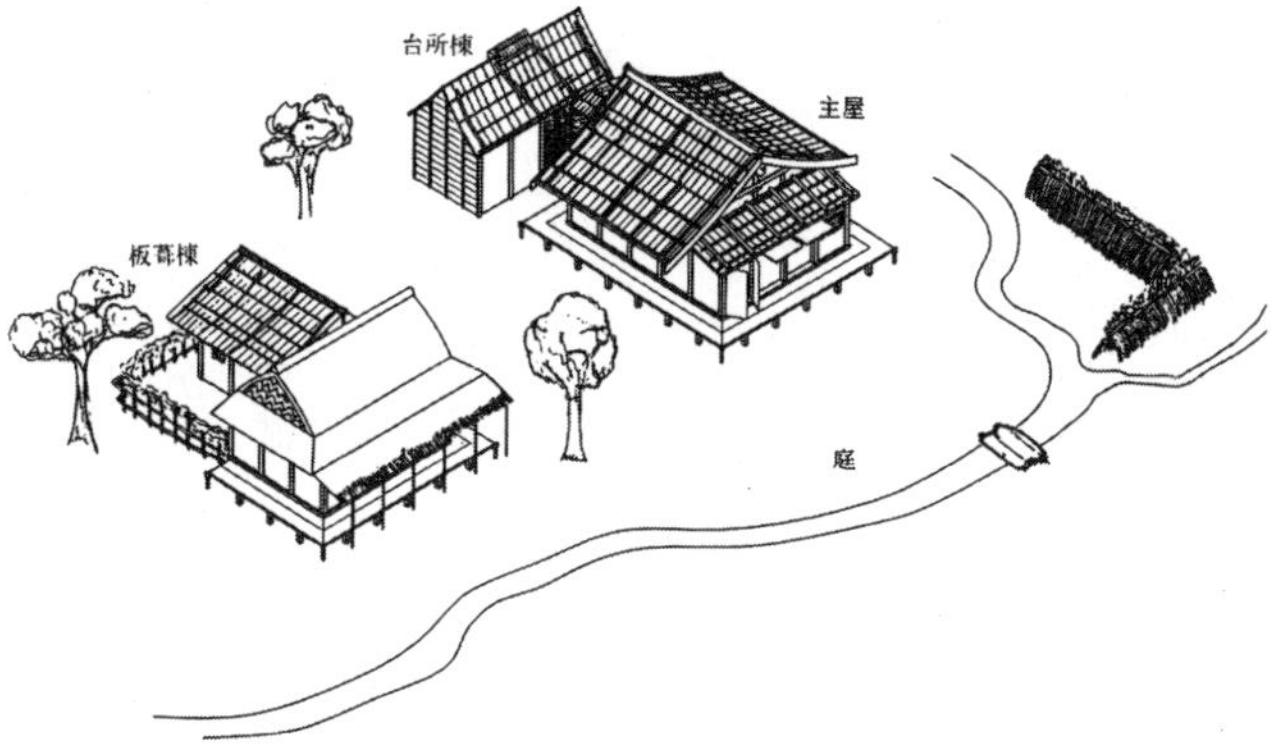

図 2-2　大井太郎の館復原配置想定図
(玉井哲雄 1996「武家住宅」小泉和子、玉井哲雄、黒田日出男編『絵巻物の建築を読む』84 頁、図 6、東京大学出版会)

『一遍聖絵』の中で武士の館として知られる最も有名な場面は、「筑前の武士の館」である。館の周りは溝(堀)で囲まれ、さらに板塀と生け垣をめぐらせ、弓と矢と楯を備えた櫓門《やぐらもん》も設けられる。一方敷地内には、縁が巡らされた主屋を中心に、その前面に庭がひろがる。ほかに仏堂風の板葺きの副家もみられ、別の場所には柵で仕切られた馬屋が描かれている。これが大井太郎の館と同時代の北部九州の武士の館であった。

ところが『法然上人絵伝』(一四世紀初頭に製作)に描かれた美作《みまさか》の押領使漆間時国《うるまのときくに》の屋敷(法然の生家)を見ると、屋敷地は網代垣《あじろがき》で仕切られ、その中央に正面が四間、奥行きが三間の主屋がおかれる。屋根は草葺き、庇部分は板葺きで、唐破風《からはふ》の妻をもつ中門を持つ。周辺には厩《うまや》などの付属建物もあるが、玉井氏はそこに描かれた中門が貴族の邸宅の形式の一部であることに注目する。

同様に、『蒙古襲来絵詞』に描かれた秋田城介（和田）泰盛の館もまた、平安時代の寝殿造りと変わらない表現がなされており、『男衾三郎絵詞《おぶすまさぶろうえことば》』に描かれた武蔵国男衾三郎の館は、在家の武家のイメージを意識しながら、その舞台はやはり寝殿造りであるとする。

また一二世紀後半に成立した『粉河寺縁起《こかわでら》』に見る河内国讃良郡《さららぐん》の長者の家は、深い濠と板塀をめぐらし、櫓門を設け、屋敷内には数多くの建物が並ぶ。同様に紀伊国那賀郡の猟師の家は、周囲に柵が巡らされ、小川に架かる木橋を渡って入り、入口には簡素な冠木門《かぶきもん》が設けられ、網代扉もみられる。

これに対して大井太郎の館をみれば、その内部は少なくとも四つの建物から構成され、主屋は板葺きで背後に簡素な廊でつながれた板葺きの建物が付き、これに内部が土間で竈のある厨または台所と、少し距離をおいて別棟である茅葺きの建物とやはり土壁で板葺きの台所の組み合わせが加わる。なお玉井氏はこの別棟の主を大井太郎の姉として、新見荘谷内の名主屋敷の建物配置との共通性から、館内居住者の構成にも問題を投げかけた。

これらの絵画資料から小田切の里の館や大井太郎の館に代表される一三世紀後半の館の風景をまとめると、室町時代の館のイメージである堀と土塁で囲まれた防御性の強い館の姿は一般的ではなく、むしろ灌漑用水とも思われる水路や生け垣などで囲まれた生活色の強い空間に、玉井氏の言葉を借りれば、寝殿造りの影響を受けた、開放的な主屋と縁を介した庭が配置され、複数の世帯から構成される集団が居住していたと表現されることになる。

▼──伴野氏館

ところで一遍の遊行を描いた絵巻には、聖戒編の『一遍聖絵』と宗俊編の『一遍上人縁起』があるが、後者の系統とされる佐久市の「金台寺本」に注目した木内寛氏は、踊り念仏に続いて描かれている館は伴野の市庭に近い佐久市野沢にあった館であり、当時の館主は、将軍の随兵も勤めた伴野時直ではなかったかとしている。

その館と断定できるかどうかは検討が必要だが、現在の佐久市野沢には、伴野氏館あるいは野沢城とも呼ばれる土塁をもった館跡が存在する。

伴野氏館の起源は、文治元年（一一八五）に甲斐源氏系の加賀美遠光が信濃守に補任され、次男の長清（小笠原氏の始祖）が伴野荘地頭となったことに始まる。ただし伴野荘を伝領して直接後の伴野氏につながるのは、長清六男の小笠原時長からであり、先の時直は時長の子にあたる。

なお伴野の市庭に続いて『一遍聖絵』に登場する大井太郎の館は、佐久市岩村田の大井荘に土着した長清七男の朝光を起源とし、一遍を迎えた館主はその子の光長だと木内氏は指摘している。長清六男の小笠原時長は安達泰盛と姻戚関係にもあった。したがって一遍はこの時、鎌倉幕府につながる小笠原氏の有力者ふたりを訪ねて遊行していたということになる。

また文治二年（一一八六）の『吾妻鏡《あづまかがみ》』に、大井荘は「八条院領御領大井庄」、伴野荘は「院御領佐久伴野庄」として登場し、その後伴野荘は北白川院（藤原陳子）、室町院、伏見院と後高倉院の系統を経て大徳寺に寄進されている。話は少し脇道にそれるが、鎌倉時代の京都のひとつの中心は現在の京都駅前にあった八条院院庁とそれを継いだ後高倉院の系統によって支えられた七条町の周辺だった。信濃国を遊行した一遍が、なぜ伴野荘と大井荘を訪れたのかを解くもうひとつの鍵になるかもしれない。

ともあれ平安時代末から鎌倉時代初めの伴野が、小笠原氏の重要拠点だったことは確かであり、その点で現在の伴野氏館の鎌倉時代前半の様子を検討する意味は大きい。

佐久市野沢字居屋敷に所在する伴野館跡は、現在東西七四メートル、南北一一〇メートルの長方形プランに堀と土塁が残り、さらに周辺には薬師寺と飯縄社が館に対する鬼門の位置で配されるなど、現在でも中世的な景観を残す貴重な遺跡である。ただし郷道氏が示すようにこの景観がそのまま中世前半まで遡るわけではなく、当初の館はその一角に限られたものと推定される。
立地は井原今朝男氏の指摘にあるように、千曲川左岸の自然堤防上で、その西側を鎌倉街道がはしっている。言うまでもなく交通の要衝である。絵巻に描かれた伴野の市庭は、この伴野館から北へ五〇〇メートルほど離れた鎌倉街道沿いの一角の跡部地区が推定されており、関係する地名が残っている。ただし館の周辺にみられる「下木戸」や舟入関係の地名については、戦国期の可能性も考えられる。

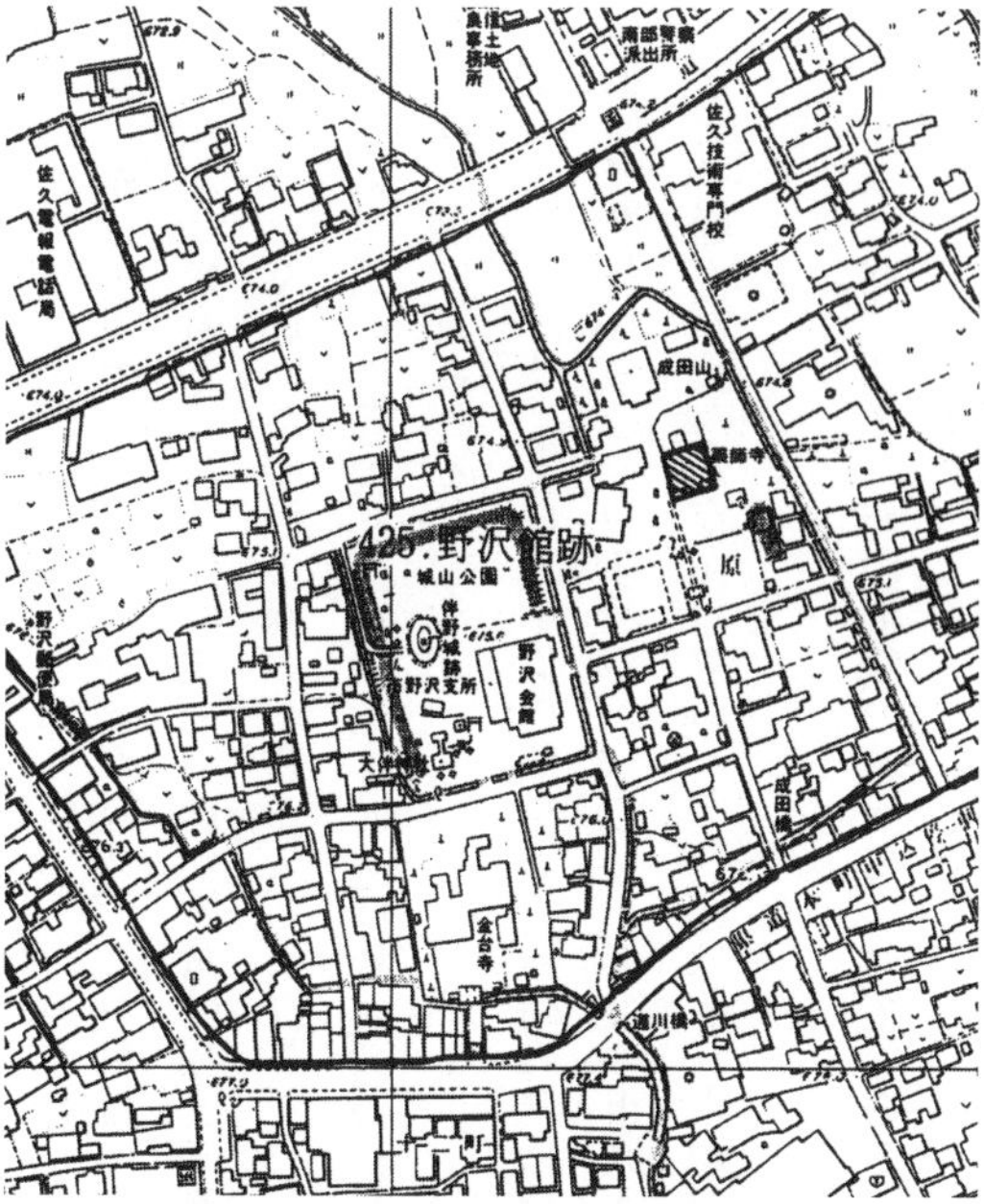

図 2-3　伴野氏館（野沢館）の位置
（佐久市教育委員会 2000『薬師寺遺跡』）

ところで現在の地割をみれば、ちょうど水路が南北に長い楕円形で現在の野沢館を回避して流れていることに気づく。この地割と水路がいつの時代のものかはわからないが、この水路で囲まれた範囲の中央を南北に道が走っており、館の中心は、この範囲の中央で、この道に接して存在する。また水路の北東部には水路と併行した細長い地割が見え、これは堀の可能性がある。

したがってもしこれらの歴史の痕跡が鎌倉時代まで遡るのであれば、この地には現在の伴野氏館とはまったく違った中世の風景が甦ることになる。

五味文彦氏の問題提起を出発点として、絵画資料に描かれた鎌倉時代の館の姿を模索してきた。問題は二点に絞られるだろう。

第一点は言うまでもなく中世の館を考える時のその周辺遺跡との関わりである。これまで館遺跡は単独で扱われることが多かった。しかし伴野の市庭と伴野館の関係に見られるように、館の周辺には市や様々な集落が存在していた。問題はそれらがどのような集落で、どのような関係だったかである。

第二点は堀で囲まれた中世館の源流についてである。これまで、中世の武士の館のイメージは、『一遍聖絵』の「筑前の武士の館」に代表されるような、周りを堀で囲まれた防御的な性格の強い施設として意識されてきた。けれども、少なくとも絵画資料では、一三世紀後半の武士の館に大きな堀が伴うことは一般的でない。さらに描かれた建物配置は寝殿造りの形式を持っている可能性があると言う。

鎌倉時代の館の風景は、室町時代の館の風景とは大きく異なり、それらは連続して説明されるべきではないのだろうか。そこでそれを確かめるために、発掘調査で明らかにされてきた鎌倉時代の館とその周辺の風景を確認していきたい。

▼東国の中世鎌倉時代館遺跡

①宮城県仙台市太白区大野田に所在する王ノ壇《おおだん》遺跡は、一二世紀後半から一四世紀前半まで続いた館を中心とした集落遺跡である。遺跡は仙台中心部の南を東西に流れる名取川の左岸に位置し、遺跡の西には鎌倉につながる中世奥州の南北幹線道である奥大道《おくのおおみち》と推定される道路が隣接する。

このうち一二世紀末から一三世紀中葉の面から、厩や持仏堂・倉庫などを備えた大規模な屋敷が発見され、一三世紀後半から一四世紀前半の面からは、推定奥大道に接して東にひろがる街区と大溝で区画された屋敷地が見つかった。溝に注目すれば、奥大道と推定される幹線道路の側溝や街区全体を区画する溝の幅は約一・五メートルで断面は逆台形だが、屋敷地を囲む溝の幅は約三メートルで断面はV字形を見せる。そこに明瞭な区別のあったことがわかる。さらに館から見つかった陶磁器の種類が、鎌倉の北条得宗に関わる遺跡と共通していることから、この館は「北条得宗領名取郡「北方」に置かれた得宗家直轄の政所屋敷跡」と推定されている。

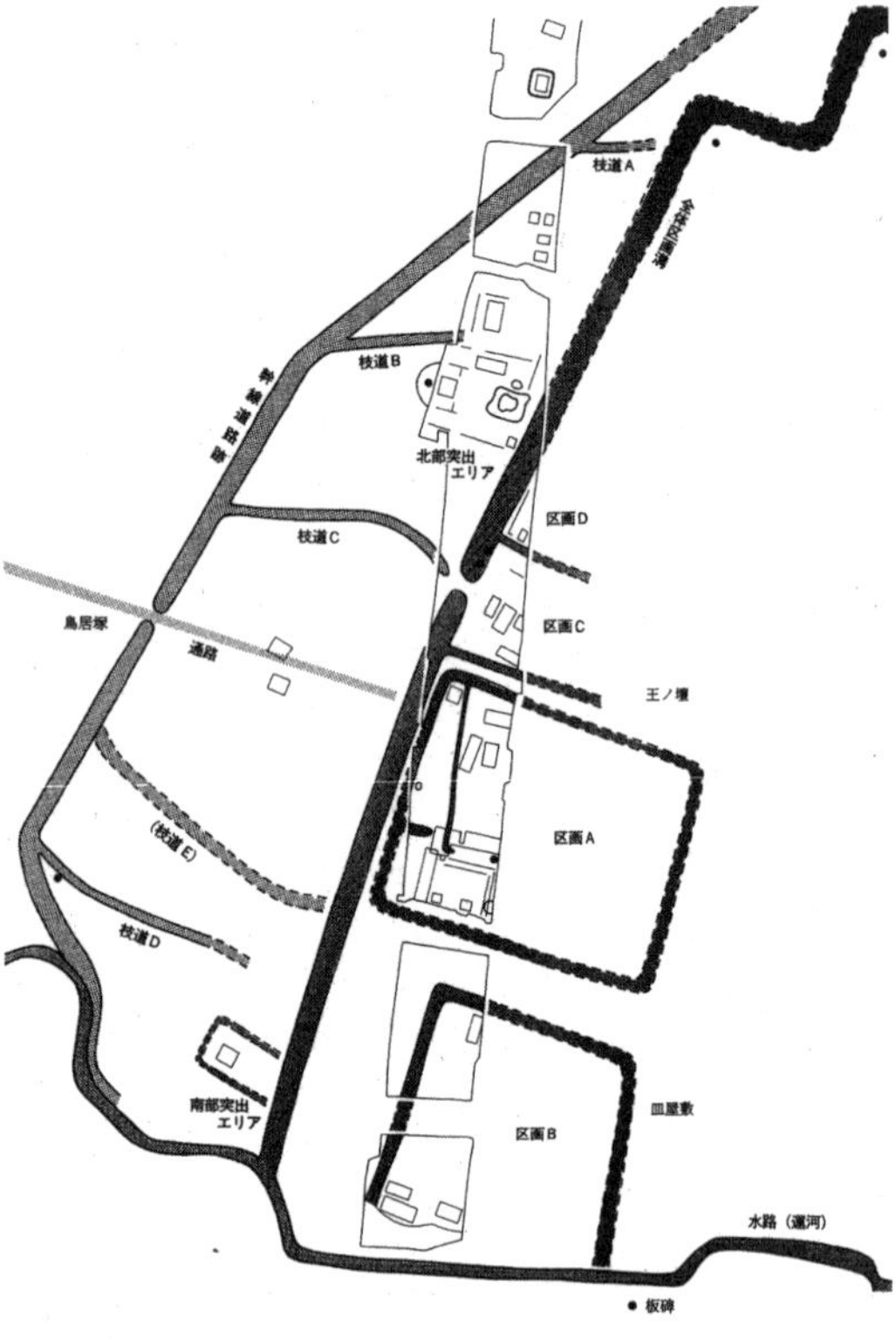

図 2-4　王ノ壇遺跡復原図
（仙台市教育委員会 2000『王ノ壇遺跡』）

②福島県会津坂下町に所在する陣が峯城跡は、阿賀野川が会津盆地から流れ出る盆地の北西端に位置する。城跡は東に会津盆地を見下ろす約二〇メートルの段丘上に立地し、その南北と西を、幅約七メートルと約一四メートルの堀が二重に巡っている。郭の平面形は南北一七五メートル、東西一一〇メートルの不整形な五角形で、出入口と推定される

西側のみに、立派な土塁が築かれている。堀の中からは飛礫《つぶて》や鉄鏃《てつぞく》が出土し、郭内中央の建物周辺から一二世紀代の中国陶磁器や国産陶器などが出土した。

この城の周辺は、一一世紀末頃に三条天皇皇女冷泉宮の蜷川荘《いながわのしょう》として成立したとされ、一二世紀には平等院を整備した藤原忠実に譲られて摂関家領となり、その後近衛家に引き継がれている。束腰形《そくようけい》の精巧な銅製秤も出土しており、蜷川荘を管理する人物が、越後から会津への入口にあたるこの地をおさえていたと考えられている。

図 2-5　陣が峯城跡（会津坂下町教育委員会）

③新潟県出雲崎町の番場遺跡は、周辺の開発をおこなった有力農民の屋敷跡と考えられている。成立は一二世紀末頃で、低い丘陵を背にして平地に面し、その少し高い南側を居住空間としている。溝などの区画は無いが、斜面を削って段をつくり、二一〇〇平方メートル以上の広さに、九〇平方メートル以上の建物をはじめとした一〇棟ほどの建物が建てられている。また出土遺物も一般の中国陶磁器以外に青白磁の合子《ごうす》や梅瓶《めいぴん》などが出土している。こういった景観は、さきの小田切の里の館や大井太郎の館を彷彿させる。

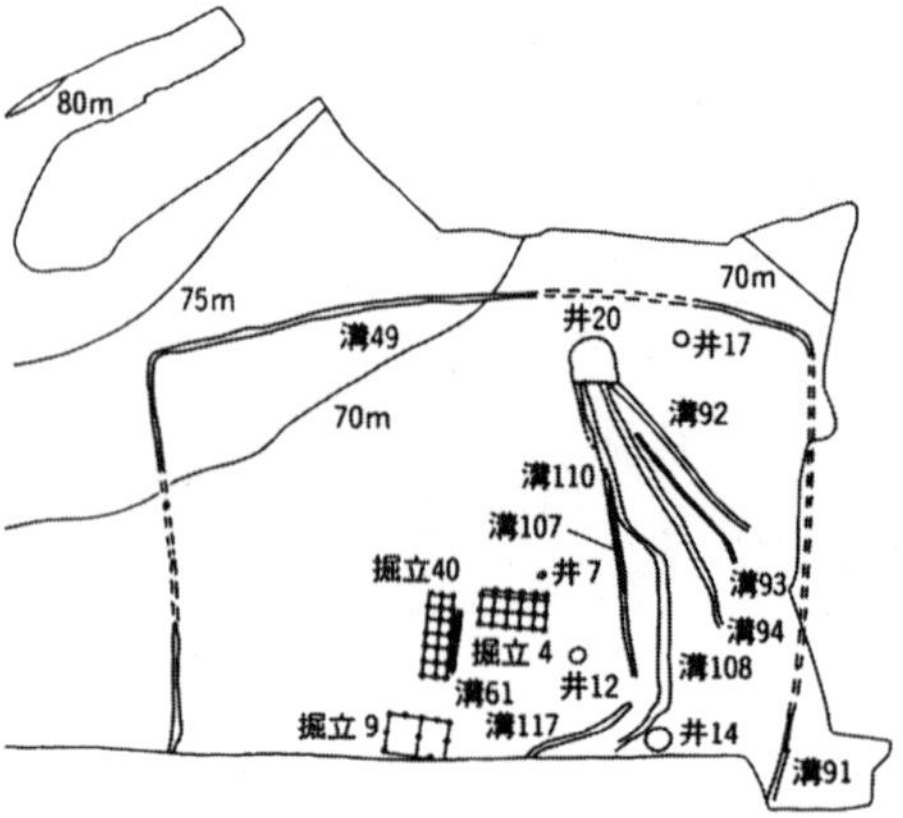

図 2-6　大久保山遺跡の館跡
(荒川正夫 1998『大久保山』Ⅵ　早稲田大学)

④埼玉県大久保山遺跡は、埼玉県本庄市に所在する標高約一〇五メートルの浅見山丘陵南斜面に形成された集落遺跡で、居館を含む一二世紀中葉から一四世紀前葉の建物群が南を流れる小山川につながる狭い谷を見下ろす形で展開する。このうち屋敷の周りに堀が巡らされるのは一三世紀後葉から一四世紀前葉で、その前の一二世紀中葉から一三世紀中葉までは、屋敷の規模が一辺八〇〜一一〇メートルで、その周囲は浅い細い溝で区画されている。

さらに、一三世紀中葉の大久保山遺跡には有荘寺が付属している。これは中世の館が単独で存在しているのではなく、寺院などの村や町を構成する諸要素と共に存在していたことを示す。

⑤『一遍聖絵』に描かれた長野県の中世館については松本平の島立北栗《しまだちきたぐり》遺跡の研究が詳しい。この遺跡は平安時代から続く集落遺跡だが、一三世紀前葉の様子は、周りが溝で囲まれた主屋を中心に、その東西に建物が取り巻いて並ぶ。出土遺物の中には武具もみられ、屋敷の主は武士

でもあった有力な農民と考えられている。それが一三世紀後半には、大きな堀で囲まれた建物群に変わる。

このように東日本の館遺跡では、少なくとも一二世紀代から館を囲む溝が見られ、その状態が一三世紀中葉まで続く。ただし福島県の陣が峯城跡や平泉の柳之御所跡のように、一二世紀代に堀で囲まれた館もあり、これは北東北の平安時代館との関係も考える必要がある。

これに対して室町時代を象徴する土塁と堀で囲まれた館は一三世紀終わりから一四世紀頃に出現し、一五世紀以降に一般化したと考えられるようである。

したがって鎌倉時代の館に関わる重要なポイントは次の二点に絞られることになる。

第一点は、館と堀や溝との関係が一様ではないことである。一口に溝や堀と言っても、規模や形は様々で、また館を囲む溝以外に、その外側の空間を囲む溝も重要な意味を持っていた。鎌倉時代の館の風景と、そこから復原される館の意味と機能は、それらを合わせて考えなければならない。大規模な堀の存在から防御性が注目されてきた室町時代の館と、鎌倉時代の館の最も大きな違いのひとつはここにある。

第二点は、こういった館の起源が平安時代にあり、一三世紀中葉はその終焉の時期だということである。そのため、室町時代の館に比べて見えにくかった鎌倉時代の館とその周りの姿は、平安時代の館とその周辺の検討が必要となる。

▼雲出島貫遺跡《くもずしまぬきいせき》

第一のポイントを説明するための重要な遺跡が、三重県の雲出島貫遺跡である。遺跡は三重県のほぼ中央を東流して伊勢湾に流れ込む雲出川の下流で、津市と久居《ひさい》市の市境の左岸に形成された自然堤防上に立地する。また南北に走る陸路と雲出川の水路が交差する交通の要衝に位置している。

縄文時代晩期から近世におよぶ遺跡であるが、一一世紀前半から一三世紀中頃にかけての溝で区画された集落が発見され、伊藤裕偉氏による詳細な検討がおこなわれている。なおこの雲出川の上流に位置するのが美杉村の北畠氏の館である。

氏の分析によれば、遺跡は大きく人工流路と、通水機能の無い溝の二重構造からなる。このうち通水機能の無い溝（大きなものは幅三メートル）は、建物群に近接してその空間を区画する役割を果たす。一方人工流路（幅八メートル・深さ二メートル）は建物群と区画溝の外にあって、雲出川に直交する南北軸および並行する東西軸で流れ、交差結合する。

出土遺物では、中国陶磁器が多数出土したほか、京都のかわらけと同じ形の手捏《てづく》ねかわらけが大量に出土し、居住者が京都との深い関係にあったことをうかがわせる。
氏はこれらの状況から、従来言われていた「居館」について、それが「屋敷」と「堀内」に分けられることを指摘し、雲出島貫遺跡の場合は、人工流路を含んだ範囲が「屋敷」であり、内側の区画溝の部分が、室町時代に登場する「堀内」に該当するのではないかとし、こういった「屋敷」の成立が、遅くとも一一世紀後半に遡ることも指摘した。

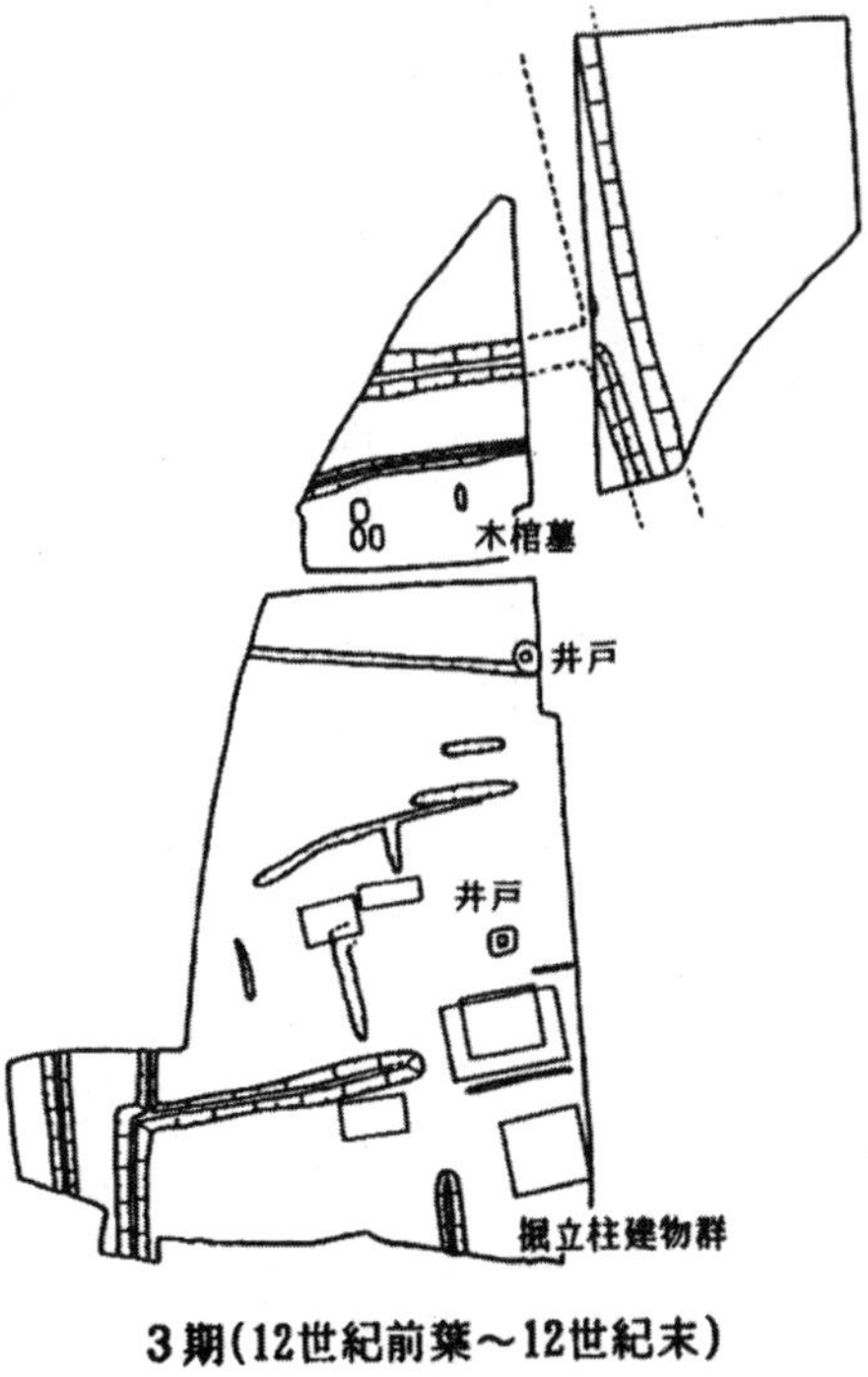

図 2-7　雲出島貫遺跡の館跡
(伊藤裕偉 2001「中世前期の「屋敷」と地域開発」『ふびと』53)

さらに『中右記《ちゅうゆうき》』元永元年(一一一八)七月二五日条および同年九月九日条の記事から、この遺跡が六条院領木造《こつくり》荘東端にあたっており、伊勢平氏に関係している可能性を述べている。これは、かわらけが示す京都との関係と合わせ、重要な指摘である。

なお雲出島貫遺跡の土器がこの地域独自の展開を見せ始めるのは、この居館が廃絶する一三世紀中葉であり、それは京都との関係が緩んだ時期と考えることができるともしている。

ところで、このような雲出島貫遺跡で見られたような鎌倉時代以前の館とその周辺の風景は、南関東を中心とした橋口定志氏の研究の中でも指摘されていた。

氏は中世前半の居館（＝屋敷）の姿は柵や垣を巡らせただけの基本的には開放的なもので、それに屋敷部分のみならず周辺の耕地・山林も含んだ「区画溝（＝境堀）」で囲まれた空間とあわせて展開する風景を推定し、それ故堀による区画を、一元的に「防禦」とのみ関わらせて理解しようとするのは難しく、屋敷部分を意識して区画した（室町時代的な）「居館」が出現する画期は、一三世紀末から一四世紀であるとしている。

したがって、鎌倉時代の館とその周辺をめぐる考え方の最初のポイントは、この時期の溝や堀が一様ではないことであったが、それは、屋敷をめぐる溝と別に、一定の広い空間をめぐるもうひとつの区画があることであり、その意味は、この「堀内」と「屋敷」の関係で説明できるものと考える。

それではそのもうひとつの空間とはいったい何だったのだろうか。

その点について重要な指摘をしているのが岡陽一郎氏である。氏は関東の中世居館が周辺地形の中で要害の地にあったことを確認し、さらにそればかりでなく、陸上や水上の交通路を視野に入れると、関東武士が農業生産とは別に交通に立脚した再生産構造を持っていた可能性を指摘した。

また館遺跡から出土する遺物に広域流通の結果を示すものが多いことも重視し、中世前期の武士は農業経営と共に交通と交易が重要なキーワードになり、彼らの拠点は地方の農村といったものではなく、「極めて都市的な性格」があったとした。

この視点は、利根川水系の河川と鎌倉街道の交点に主要な武士の館が見られることや、埼玉県の川越城跡、阿保《あぼ》遺跡、行司免《ぎょうじめん》遺跡などの内陸部から石鍋が出土していることなどからも裏付けられる。王ノ檀遺跡は名取川と奥大道（推定）の交差点にあり、雲出島貫遺跡も同様な立地にあった。鎌倉時代の館とは、地域におけるネットワークを強く意識した存在だったと言える。

そしてその源流も平安時代の館の姿の中にあった。

▼─平安時代の館の役割

平安時代中期に成立したとされる『宇津保物語』には、紀伊国牟婁《むろ》郡にあった神南備《かんなび》の種松《たねまつ》の館の様子が説明されている。館は方二町で築地に囲まれ、中には一六〇の倉が建ち、その中には各種の織物が納められている。政所には三〇人ほどの家司がおり、炭焼き・木こり・鵜飼・鷹飼・網結たちが各自の製品や獲物を持参してきている。厩もあり、炊事場では飯が炊かれ、酒殿では一〇石入りの甕が二〇ほど並ぶ。また作物所・鋳物師・鍛冶・織物師・染殿・張物所・縫物所など様々な職人が働く。周囲には二〇町程の田があり、そこに記された人々の数は六五〇人にものぼるという。石井進氏は、これを一〇世紀後半頃の地方豪族の理想の姿として説明しているが、その様子はその地域にとって政治だけではないあらゆる面での拠点であり、交易センターでもあったようにも見てとれる。

ちなみに河内国の在地領主である水走氏も、建長四年(一二五二)の処分目録によれば、六間一面の寝殿・七間の廊・惣門・中門七間・三間の土屋・三間一面の厩屋・五間の倉・三間の倉・六間の雑屋などの寝殿造の影響がみられる館に住み、大江御厨の執当・松武荘下司・国衙図師・枚岡神社の社務を務め、四カ所の山林と川池の漁業・通交権を持ち一〇〇町近くの田畠を有していたとされている。またこの屋敷の推定地は大阪平野を見下ろす生駒山の山裾にあたり、その前面には京と河内をつなぐ東高野街道が走っている。神南備の種松その人を想起させ、また後述するような水守《みもり》の城の風景にも類似した景観である。平安時代における地域拠点の様相として、神南備の種松の館の姿は、全く荒唐無稽な話ではなかったのかもしれない。

周知のように、『一遍聖絵』に描かれた伴野の市庭はまだ常設でなく、日を限った開催の場であった。そうであるならば、市が開かれる前の時代、地域の交易センターの役割も担っていた館にとって、その機能を果たさなければならない場所がどうしても必要である。

境界標識の意味を詳しく考えるべきではあるが、この時期の溝に少なくとも防御の性格のみをあてることはできない。そうした時、「市」と未分離だった「館」は、地域にとって特殊な共有の場を示すための境界標識（溝や柵など）を持った。鎌倉時代の館の周辺で見られる空間の一部は、そのためのものだった可能性がある。

石井進氏は一二世紀にみられる中世武士団の基本的な特徴がすでに一〇世紀において認められていたことを指摘し、その居館の景観を筑波山のふもとにある水守の城跡をたずね、山を背負い耕作地を見下ろす丘陵上に営まれた領主の館を甦らせた。

平国香《たいらのくにか》や源護《みなもとのまもる》の一族は、四カ所の「宅」に分かれ、その周辺にあった与力達の「小宅」と広く郡内に散在した五〇〇余の「舎宅」による三重構造を持っていた。そして「宅」または「営所」または「宿」と呼ばれた広壮な屋敷は、城塞であるとともに農業経営の基地であり、また交通や商業および手工業生産のセンターでもあり、農民から納められる稲や米を、そこで手工業製品と交換する役割も担っていたと指摘している。

鎌倉時代の館の特徴のひとつである開放的な空間と多様な姿の溝は、このような地域の交易（情報）センターとしての性格が生み出した形だったと考えることで、説明できると思う。

▼──中世の館における一三世紀の意味

中世の館について、『一遍聖絵』に描かれた信濃国のふたつの館を出発点としていくつかの問題を考えてきた。西日本の中世集落では南北朝頃に突然のように周りを堀で囲まれた居館が出現する。確かに溝で囲まれた館は鎌倉時代にも見ることができる。しかしその時の館の姿は、室町時代に各地で見られる深い濠と高い土塁によって築かれた、いわゆる方形館とは明らかに異なっていた。そしてこの状況は、これまで見てきたように、列島全体に共通する現象だったようである。それでは一三世紀には何があったのだろうか。

鎌倉時代の館とその周辺の風景の源流にあたる平安時代のほぼ一〇世紀頃をひとつの画期として、国家の支配原理が人から土地へ変わり、地域では「開発領主」とよばれる有力者が新天地を開発し、その結果耕地が増大し新たな村落が生まれたと石井進氏は説明する。

大阪市の東南部に平安時代の集落遺跡で有名な長原遺跡がある。この集落は、一〇世紀代のある

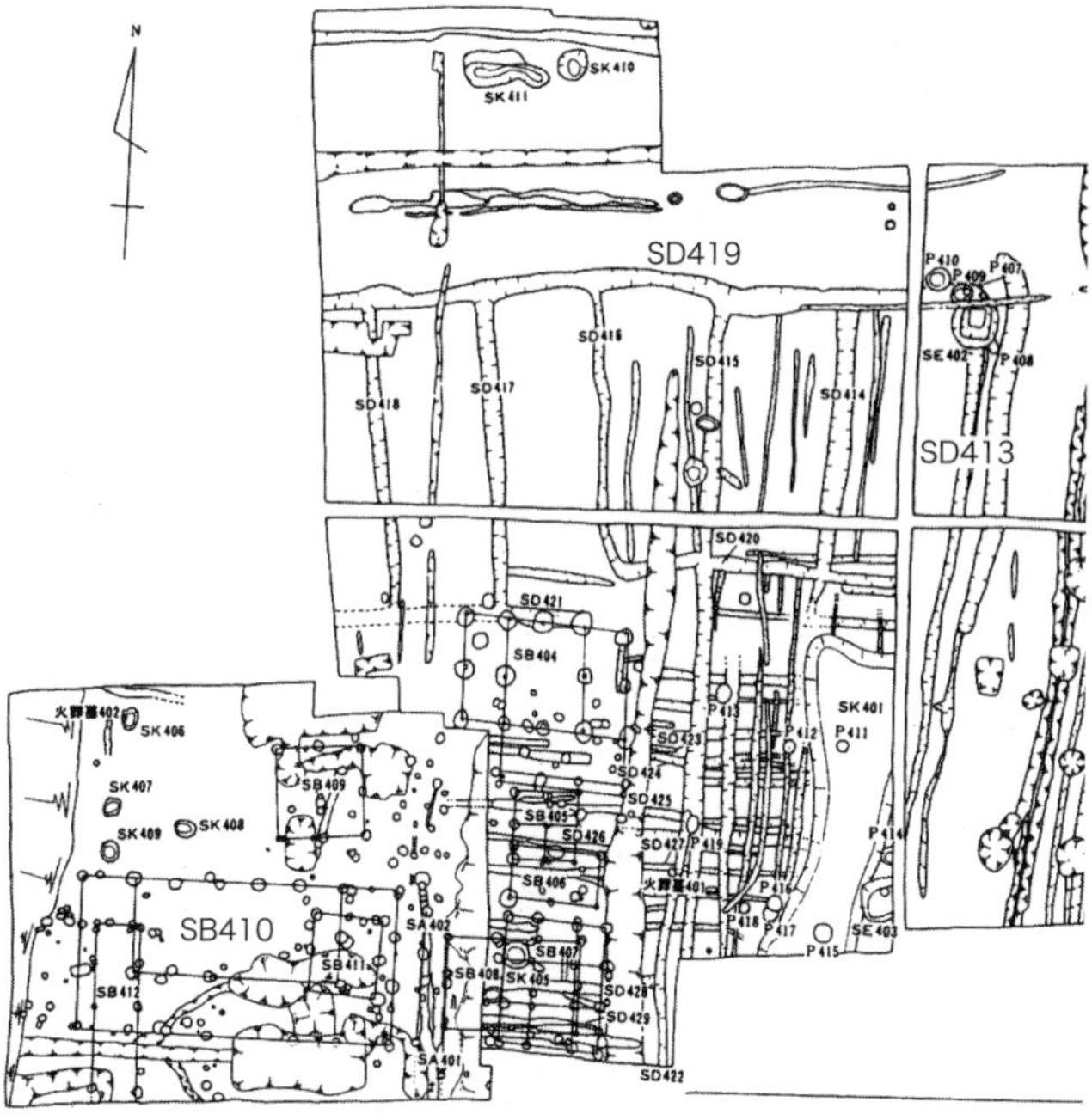

図 2-8　長原遺跡
（植木久 1983「第 3 節　奈良時代から室町時代の遺構と遺物の検討　第Ⅴ項まとめ」『長原遺跡発掘調査報告』Ⅲ　大阪市文化財協会）

時期にSB四一〇を中心とする建物群に変わる。ところがこの建物は平安京の貴族の邸宅に見られるような五×二間の身舎《もや》に三面の庇《ひさし》を付けたもので、その前時代の建物と大きく異なる。さらにこの建物はSD四一三（幅二メートル以下）とSD四一九（幅一メートル程度）で東と北を囲まれた、東西七〇メートル規模の屋敷地の中にあると考えられている。これらの状況は、この屋敷の居住者が中央と極めて関係の強い人物であったことを示し、その人物によってこの地域が、有力社寺や貴族の荘園になった可能性も示唆する。

一三世紀以前にみられる館とは、このような平安時代中後期の変革によって浸透した京都の文化を直接受ける形で生まれた地域の拠点であり、具体的には鳥羽離宮や平泉の屋敷構造をどこかの源流にもつ邸宅とその周辺のバリエーションのひとつとしてとらえることができるのではないかと考える。

石井進氏は平安時代後期に遡る「兵」の館とその周辺を、『将門記』や『今昔物語』からひいて、「山をうしろに、沼沢地を前にし、西側には深い川が流れていた自然の要害であった」としているが、その様子はまさに平泉の柳之御所跡周辺の状況と共通する。

それが一三世紀後半代、館は丘陵斜面にあって地形を巧みに利用して築造していたものから、平坦で地形の利用ができない台地上で自己の存在を示すものとして立体的な境界標識を設けたものへ変わる。

石井進氏は、中世武士団の特徴を、弓馬を代表的な戦術として戦う集団の中に見た。そのため、平坦な丘陵上にランドマークのように点在する館の風景は、まさに東国の風土の中から生まれたオリジナルであったかもしれない。ただし、福島県の陣が峯城のように、その源流を東北の北部に求める可能性も今後の検討に残しておきたい。

もうひとつ、この時期における東国の風土が生んだ文化を示す例がある。一三世紀以前の館の源流が平安時代に遡るように、平安時代中期から平安京を出発点にして東国に広がった「かわらけ」の文化がある。それがこの時期東国では、「かわらけ」から京都的な特徴が失われ、在地色の強いものへと大きく変化する。

飯村均氏はその理由を、「かわらけ」の文化が東日本に定着・浸透したためとし、馬淵和雄氏は、この現象を汎日本的な規模での在地の伝統的な技術による作為的な京都色の排除と捉え、その関係を北条得宗政権が畿内系の旧仏教勢力を一掃しようとした動きと対照させている。

検討すべき点は残るが、すでに網野善彦氏が指摘しているように、一三世紀後半は日本の社会がさまざまな意味で大きな転換期に入り始めた時期であった。そのため、館の変化についても、それらをふまえた解釈を試みても良い可能性がある。

一三世紀前半以前の館と以後の館は、全く異なった背景によって成立し展開していった。そして話しを戻せば、その違いを最も象徴するのが「館」と「市」の関係だった。一三世紀は「館」から「市」の機能が分離する時期である。「市」はこの時期以後「館」から独立し、やがて常設となり町場の形成につながっていく。その変遷のメカニズムについては、まだここで検討を加える段階に無いが、その意味で最初に見た伴野の市庭の風景には、その大きな変化の兆しが込められていると考える。

二 平清盛の福原と大輪田の泊

楠《くすのき》・荒田《あらた》町遺跡

二〇〇三年の一二月に、平清盛の推定福原館に近い神戸市の楠・荒田町遺跡から、南北に並び平行する二条の溝が見つかった。規模は長さが調査区の範囲を越え三九メートル以上、北側の溝は幅が約二・七メートル、深さ約一・七メートルで、南側の溝は幅が約一・八メートル、深さ約一・六メートルである。

一方今回の調査より前に、これらの溝の北側から多数のかわらけを出土した土坑が発見されており、そこに一二世紀の終わりから一三世紀初めの館があったと考えられていた。そのため、今回発見された二条の溝は、その北側に造営された館を囲む防御のための施設と、当初は推定された。

ところが、この二条の溝には異なった特徴があった。北側の溝は断面の形が三角形の、いわゆる薬研堀《やげんぼり》で、南側の溝は断面の形が方形の、いわゆる箱堀だったのである。これらの溝が一組の施設で、それが館の周りを囲む防御のために造られたとするならば、どうしてその形を変えなければならなかったのだろうか。

図 2-9　楠・荒田町遺跡で発見された薬研堀と箱堀
（著者撮影）

もう一点、「防御」の溝とするためには、整理しなければならない問題がある。確かに屋敷に伴う溝の性格の一つに、「防御」という役割は存在する。しかし「防御」という言葉が最も良く似合うのは、南北朝期以降に見られるような、幅が五メートルもある堀で、それも土塁を伴った場合になる。

今回の溝はそれとは全く規模が異なる。もちろん屋敷に接して築かれているため、この溝が「防御」の機能も果たすことは間違いではない。しかし館に伴う溝の意味は「防御」だけなのだろうか。

▼雲出島貫《くもずしまぬき》遺跡との共通性

前章で雲出島貫遺跡の紹介をしたが、楠・荒田町遺跡で見つかった二条の溝についても、必要なのがこの見方である。一見すると、二条の溝はあたかも一組の溝のように見えるが、実は、断面が三角形の溝は、その北側にあった館を囲むための溝で、断面が四角形の溝は、条里地割の境溝などの可能性を含めた、広い区画を表示するための溝ではないかと考えられるのである。

さらにその場合の区画にも様々な区画があり、館を含めた、屋敷全体の区画であったことも考えられるが、もっと規模の大きな、例えば福原という、平氏の拠点全体やその街区を構成していた地割の痕跡だったとも考えられる。

断面が三角形と四角形の溝の違いは、このように考える必要がある。

さらに興味深いことに、楠・荒田町遺跡は平清盛が造営した福原の地にあるが、雲出島貫遺跡の中心地は旧久居市木造《こつくり》町の隣接地で、木造町地内は六条院を本家、平氏を領家とする木造荘であり、「京都系」のかわらけが大量に出土していることなどからも、伊藤氏は平氏が関与した木造荘にかかる施設だとしている。

そうなると、楠・荒田町遺跡で見つかった遺構群と、雲出島貫遺跡で見つかった遺構群は、二つとも平安時代終わりの、平氏に関係する館とその周辺の風景を象徴する遺構群とも考えられることになる。しかしこれらの遺構群をめぐる状況は、それほど単純ではない。

岡陽一郎氏が指摘するように、源氏の都である鎌倉でも同様な断面三角形の溝が見つかっている。しかもその分布は頼朝が最初に幕府を置いた大倉地区に集中すると言われる。したがって、断面が三角形の溝を持った館は平氏だけに限らず、平安時代末期から鎌倉時代初め頃の地域の盟主とそれに連なる人々の館を象徴するモニュメントとなる可能性もある。薬研堀の源流については、このように考えるべき課題を多く残している。

問題は断面が三角形と方形の溝で区画された楠・荒田町遺跡とその周辺地区の意味である。それを考えるためには、現場に戻り、現在の神戸の風景の中にこれらの遺跡を埋め込んで、過去の景観を復原する作業が必要となる。

▼―祇園遺跡

遺跡は、ＪＲ神戸駅から北西へ約一キロの場所にあたる。神戸駅を降りて山側へ向かうと、すぐ

図2-10　祇園遺跡　園池遺構
（写真提供：神戸市教育委員会）

正面に楠木正成にちなむ湊川神社が見える。遺跡はこの湊川神社を通り過ぎ、徐々に増す傾斜を登った先の神戸大学付属病院の敷地内に位置する。

遺跡の西側には南北に有馬街道が走っている。もちろんルートは新しくなっているが、それをふまえても、この遺跡が街道筋に面して立地していることがわかる。この有馬街道とほぼ平行して流れている川が天王谷川で、遺跡の西方で石井川と合流したところから有名な湊川になる。

湊川は現在、荒田小学校から西へ大きく迂回して瀬戸内海に流れ込んでいるが、地図には旧河道が明確に見え、その一部が湊川公園になっている。したがって、街道と川に沿った場所に立地しているというのが、本来の楠・荒田町遺跡の周辺の地理環境となる。

一方楠・荒田町遺跡の歴史環境として忘れてはいけないのが祇園遺跡である。場所は、楠・荒田町遺跡から北へ約六〇〇メートル離れた、平野《ひらの》の交差点のすぐ北にあたる。

祇園遺跡は、やはり平清盛に関係すると思われる邸宅跡で、一二世紀後半から一三世紀初め頃の庭園が非常によく残って見つかった。またそこから京都系のかわらけが大量に出土し、その状況が、鳥羽殿跡や平泉と類似しているということで大きな注目を集めた。

したがって、この福原の地を読み解くためには、楠・荒田町遺跡だけでなく、祇園遺跡など周辺の同時期の遺跡を合わせて考えなければならないことになる。

▼福原の二つの軸線

楠・荒田町遺跡から視野を広げて、福原の地をマクロ的に見た時、ポイントになるのが、それぞれの遺跡で見つかった館の軸線である。楠・荒田町遺跡で見つかった溝の軸線は、ほぼ現在の有馬街道に対して直交している。一方祇園遺跡で見つかった園池から推定される館の軸線は、現在の街路の一部にも残っており、それを比べると、楠・荒田町遺跡の溝の軸線と大きく異なっていることがわかる。

高橋昌明氏によれば、平清盛は応保二年（一一六二）頃から神戸市域と特別な関係を持ち、『兵範記《ひょうはんき》』仁安四年（一一六九）三月二〇日条裏書によれば、清盛はこの前後に福原に生活の本拠を移したとされる。そのため、この地区には清盛の生活を支えた邸宅群があり、楠・荒田町遺跡の溝は

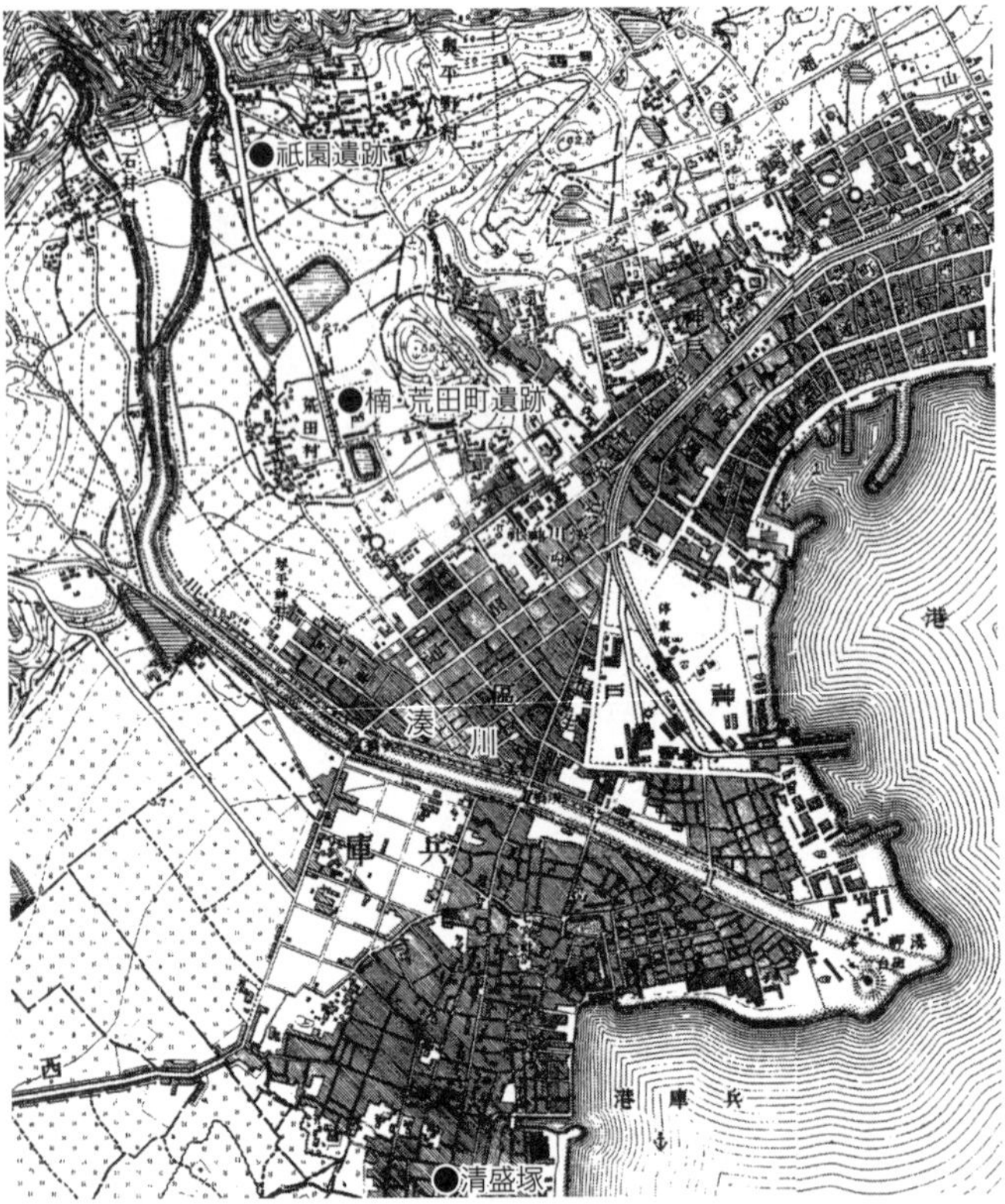

図 2-11　明治前期仮製地形図に見る大輪田泊と福原

その地割を示すものと考えた。しかし祇園遺跡の軸線と、楠・荒田町遺跡の軸線が異なるということは、福原が単一の基準軸で造られていたのではなく、複数の異なった基準軸の邸宅群から構成されていたことを示す。これは一体どういうことになるのだろうか。

　そこで明治の測量図を見ると、楠・荒田町遺跡の北には東北東から西南西を軸とする谷のあったことがわかる。現在は埋め立てられ、痕跡の一部しかわからないが、江戸時代にはこの谷を利用して溜池が築かれていた。楠・荒田町遺跡の館は、その北の谷によって祇園遺跡の館とは直接つながっていなかったのである。

したがって、北の山麓に建つ祇園社から、平安時代終わり頃の風景を想像して福原の地を見渡せば、まず山側の近い場所に、居館と地割を持った館群（祇園遺跡）があるが、この館群はその南の谷で途切れ、谷の先には東の大倉山から続く尾根上にもう一つの別の館群（楠・荒田町遺跡）が建っていた風景が広がることになる。

しかも楠・荒田町遺跡の地形は、その西に鎮座している荒田八幡社のあたりから急激に下降し、その先は湊川の広い氾濫原だったと考えられる。そのため楠・荒田町遺跡周辺の館群は、大倉山から延びた稜線上に立地し、西は湊川とその先の平地を見下ろす場所に建っていたことになる。それは福原の最高位に立地していた祇園遺跡に劣らない環境と言える。

いずれにしても、清盛にちなむ福原の地は、一元的な街区に館が建ち並んでいたのではなく、異なった軸線を持った二つの街区のそれぞれに館が建っていた景観が復原できることになる。

それでは福原に二つの街区が成立した背景は何だったのだろうか。まず最初に想像するのは谷と丘という自然地理的な条件である。しかしそれ以上に注目されるのは、この福原と対比される平泉が、やはり基衡と秀衡とで異なった軸線による館とその周辺を含んだ建物配置を見せていることである。

平安時代終わり頃の地域の盟主は、それぞれ独自の基準による空間をもつことでアイデンティティを主張していたのだろうか。もしそうであるならば、福原の複数の軸線も、異なった盟主がそれぞれのアイデンティティを主張した結果であるとも考えられる。

史料によれば、清盛邸は「摂州平野之勝地」にあり、荒田に平頼盛の邸宅があったと言われているが、清盛の館があった平野は祇園遺跡の地区で、隣接地には『平家物語』の「雪見の御所」にちなむ「雪御所」という地名が残り、その周辺から平安時代終わり頃の瓦などが見つかっている。一方頼盛の館があったとされる荒田八幡は、今回の調査地点のすぐ西にあたる。

したがって今回明らかになった福原の二つの軸線は、楠・荒田町遺跡が、「平野」から離れた独立丘陵上に立地しているという自然条件に加え、清盛と頼盛がそれぞれの勢力を示した古代末期の地域拠点の特徴と言えるかもしれない。

なおこの見方は二つの軸線が同時に存在した場合であるが、これに対して高橋昌明氏は、「高倉上皇が荒田の頼盛亭から重衡亭に遷った後」「里内裏を含め各種の建物が新造され」た再開発がおこなわれ、楠・荒田町遺跡の溝は、それに伴い新たに築かれた可能性を指摘している。福原の歴史的景観復原は、まだ多くの課題を残している。

さらに福原の景観を構成する要素はそれだけではない。今回の調査であらためて確認されたが、いずれの館も街道と川を共通する要素として持っており、その川でつながった先にあるのがここでは大輪田泊《おおわだのとまり》なのである。

▼大輪田泊―湊と館―

大輪田泊の正確な場所はまだ特定されていないが、現在は、JR兵庫駅から十分ほど南東へ歩いた先に大輪田橋があり港に到着する。大輪田泊は、周知のように『行基年譜』に引く天平十三年記に「大和田船息」と見え、平安時代に入ると瀬戸内航路の重要港として何度も修復された記録を持つ古代以来の湊である。現在、その周辺にさまざまな歴史遺産が残されており、一遍上人の墓がある真光寺もまさにここに鎮座する。鎌倉時代の寺院を伴った湊という視点で言えば、博多にもつながる風景である。

この大輪田泊は、平氏による日宋貿易の重要拠点であり、その意味で、東アジアに対する当時最大の京都の表玄関だった。嘉応二年（一一七〇）には後白河法皇が宋船見物のために福原の山荘に

図2-12　古代大輪田泊の石椋《いわくら》
（著者撮影）

来ており、清盛は輪田浜で天台座主らを招いて千僧供養を催した。大輪田泊の歴史的景観復原はこれからの課題だが、誤解を恐れずに言えば、福原は大輪田泊があるから存在したと言っても過言ではあるまい。

したがって、先に街道と川に接した薬研堀に囲まれた館とその周辺の風景を平安末期の地域拠点の典型としたが、正確には、それにもう一つ、湊という要素が加わって完結するのが、平安時代末期の地域拠点の中心とその周辺の構造となる。さらにそれは古代に遡る水上交通の地域拠点の中心部分とも重なる可能性もある。実は楠・荒田町遺跡では、奈良時代の土器もたくさん見つかっている。

そしてその時重要なことは、これまで平安時代末期の地域拠点とされてきた鳥羽殿《とばどの》や平泉についても、福原の風景を参考に見直す必要が出てくる点である。

これまで鳥羽殿や平泉は、それぞれ単独で成立していたと考えられてきた。しかし福原と大輪田泊の関係で見直すと、平泉が川湊の役割を強く持っていたことは既に指摘されているが、先行する歴史遺産として、その北に衣川と衣の関がある。

また鳥羽殿も鴨川と桂川の合流点に立地する水閣と呼ばれてきたが、同様に見直すと、それ以前から存在した一大水上流通拠点である淀が注目される。ただし、淀は石清水八幡宮との関係が深く、本来淀は石清水八幡宮の門前町だったのではないかとも考えている。

話を戻せば、雲出島貫遺跡は、上流に北畠氏の館が所在する雲出川の河口近くにあって、すぐ北には伊勢湾の湊を代表する安濃津《あのつ》（現在の三重県津市）がひかえている。

▼中世都市の原型

問題は鎌倉である。福原は、山地から平地へ出る直前の川と街道に沿った場所に館を設け、その川の先に湊がある。鎌倉もやはり、六浦から鎌倉に入る街道と、滑川が平地へ出る直前の大倉の地に幕府が築かれる。

滑川の河口に明確な湊があったかどうかはわからないが、その後その先の海上に和賀江《わかえ》島が築かれていることから、なんらかの湊があった可能性は高い。ちなみに大輪田泊にも「経《きょう》ヶ島《しま》」という施設が安元二年（一一七五）に築かれている。また鎌倉が既に奈良時代から地域の拠点であった

図 2-13　和賀江島
(神奈川県立歴史博物館所蔵)

ことは周知の通りである。この時の鎌倉の風景は福原と極めて類似していると言わざるを得ない。

実は後白河院は法住寺殿を拠点としながら、仁安二年（一一七六）に新造された伏見殿に渡御し、時代は下がるが足利義満も大内義弘を討ち全国統一を果たす直前の応永五年（一三九八）に伏見を求めている。義満による伏見への対応については詳細な検討が必要だが、美川圭氏は後白河院の伏見との関わりを重視し、「伏見の新邸（伏見殿）、伏見荘（御領）は、京都の法住寺殿と同様に、平清盛と提携して出発した後白河院政にとっての拠点となるはずであった」とする。

鳥羽殿が淀を持ち、宇治が岡屋と木幡を持っていたように、法住寺殿もまた港を必要としていた。伏見は大和大路を（法性寺大路）を経て法住寺殿に直結する。後白河院の伏見に対する意図は、法住寺殿にとっての「大輪田泊」の確保であったに違いない。

これまで都市としての京都と鎌倉を考える時、常に話題に上るのは、北条の鎌倉と京都との関係だった。そしてそれを元にした鎌倉時代後半以降の二元的な都市の姿と京都との対比が、議論の中心になった。しかしそれは鎌倉開闢時の姿ではなかった。本来はその時代まで遡って、鎌倉や京都の都市の構造を考えなければならないのである。その意味で福原と大輪田泊の関係は、後に展開する中世都市の本質と原型を考えるための重要な意味を持っていると言える。

三 『沙石集』と尾張国『富田荘絵図』の世界

『沙石集《しゃせきしゅう》』は、鎌倉時代の僧である無住が記した仏教説話集である。無住は、嘉禄二年（一二二六）に鎌倉幕府初期の重臣であった梶原氏の後裔として相模国で生まれる。二八歳で遁世して広く顕密諸宗を学び、弘長二年（一二六二）以後に尾張国長母寺《ちょうぼじ》の住職となり、庶民の教化に尽くした。

その無住が弘安二年（一二七九）から書き始めた『沙石集』は、平易な話題から仏の教えを説き明かした書として知られているが、同時にゆたかな表現力によって、とくに関東と東海に住んでいた中世人のバラエティに富んだ暮らしと、彼らが生活したさまざまな場所の様子を、臨場感あふれる描写で表現した生活文化の記録でもある。

そこで本項では、『沙石集』に代表されるような説話集や、東海に関わる紀行文をたよりに、中世の町や村を歩いてみたい。

▼関東の町や村

『沙石集』に登場する地域は北は奥州から南は筑紫までの広い範囲に及ぶ。ただし場所の表記が国名にとどまるものも多く、「尾張国折戸」といったように細かな地名と登場人物から、当時の様子を具体的に知ることができるのは、やはり無住に縁の深い関東と東海に集中する。

このうち関東での最も有名なエピソードが、上総国高滝（千葉県市原市高滝・高滝神社）の地頭にまつわる巻第一－九である。この地頭は熊野への参詣に娘を一緒に連れて行った。ところが熊野の阿闍梨《ら》がその娘に恋心を抱き、上総の娘の家に行こうとして関東へ向かう。しかし鎌倉を過ぎて六《むっ》浦から船に乗る時に、疲れて寝た夢の中でその後の十三年間を見てしまい、われにかえり熊野の修行に戻ったという。

説話としての見方を変えると、関東から熊野への盛んな参詣の様子や、交通拠点としての六浦の存在を知る史料ともなる。

巻第二－二は、常陸国中郡（茨城県西茨城郡岩瀬町（現・桜川市）の桜川上流で中郡庄にあたる。無住に縁のある真壁庄が南接する）の草堂に安置されていた薬師如来の話である。

あるとき少年の命を救ったこの薬師如来を、地頭家であった安達氏が鎌倉へ運び、お堂を造って崇め、命を救われた少年はそこで法師となって働いたという。この話しは、佐介《さすけ》ケ谷《やつ》の甘縄《あまなわ》にあった安達泰盛の館の北に薬師堂があった伝承につながるとされるが、関東の集落が寺院をもっており、また鎌倉と密接な関わりを持っていたことも具体的に教えてくれる。

同様に、集落と寺院が密接に関係している例は、下野国長沼（栃木県芳賀郡二宮町（現・真岡市）の長沼庄）の淡路守が堂を建てた記事（巻第六－八）にも見え、人々が広域に移動していた様子は、巻五末－二（和歌の徳甚深なる事の四〇）で、常陸国田中（茨城県つくば市田中、平安末からの広大な荘園、八田知家の子の知氏が田中を名乗る）の幸観房という山伏が隣に住む藤追という百姓の妻に通った結果、藤追が奥州千福（秋田県仙北郡仙北村（現・大仙市））へ逃げたという逸話からもうかがうことができる。

なお、巻第六－六では天台宗の関東の拠点である上野国新田庄世良田（群馬県新田郡尾島町（現・太田市）の長楽寺）が、巻五－七では箱根権現と共に二所権現として信仰された伊豆山（熱海市の走湯山権現社）や、巻五－八では天台別院の常陸国東城寺（茨城県新治郡新治村（現・土浦市）東城寺）が登場するが、これらはいずれも当時有名な拠点集落であり、都市的な場だったと言える。

当たり前のことではあるが、関東の各地には拠点となる集落があり、そこには寺社と館があり、人々は活発にその間を移動していたのである。

▼――東海の町や村

そんな中世人たちの活発な移動の姿が、京と鎌倉をつなぐ東海のエピソードに現れている。巻第二―四では、主人公の尾張国右馬允《うまのじょう》某甲が、承久の乱の際に杭瀬川（岐阜県粕川の支流）の戦いで傷を負い、青墓（岐阜県大垣市青墓、東山道の宿駅で宿名は赤坂、杙瀬川を渡る）へ逃げて隠れる。それを横蔵（岐阜県揖斐郡揖斐川町谷汲の横蔵寺）から来た僧が助けるが、帰りに折津川（愛知県稲沢市下津町を流れる川で今の青木川、下津は中世東海道の宿駅）で鎌倉方に捕まる。その後、竜山寺（名古屋市守山区吉根の天台宗寺院）から来た僧に説得され生きのびるものの、鎌倉で北条義時に死罪を命じられ、その途中の乱橋（辻町から材木座へ渡る石橋）で知人に会い助けられる。目まぐるしく変わる主人公の運命のポイントを宿や地名が担っている。東海の各地にあった宿の詳細を知る好史料と言えよう。

同様に東海の宿を探せば、巻四―一二では東福寺開山の聖一和尚が関東に行く途中で三河の八橋《やつはし》（愛知県知立市、伊勢物語の東下りで知られる名所）に泊まっており、巻第六―一三には尾張国折戸の宿（愛知県稲沢市下津町）に雷が落ちる記事がある。さらに巻第七–九には有名な三河国矢作宿も登場する。

また巻第七–一には奥州の山寺の別当が上洛の途中で駿河国原中宿（静岡県沼津市大字原にあった鎌倉時代の宿）で金の袋を忘れるが、後に返してもらえたという話があり、当時の旅行の一端をうかがうことができる。

なお巻第九–一八–五では尾張国甚目寺《じもくじ》の近くで一二、三歳くらいの女子が、菜をつんでいて蛇に襲われかけたのを、尊勝陀羅尼の紙が守った話があるが、そこに「鍬」をもった「田をかえす者」が登場する。具体的な農業民の姿も見ることができる。

▼—長母寺

ところで無住が住まいとした長母寺は、鎌倉時代、京・大阪と鎌倉を往還する際の重要な拠点だったようである。叡尊の『関東往還記』によれば、彼は弘長二年（一二六二）に北条実時の使いとして訪れた見阿《けんあ》の説得により鎌倉入りを決意し、この年の二月四日に西大寺を出発する。歳は六二歳であった。

そのルートをたどれば、同五日に醍醐で中食をとり、逢坂の関を越えて滋賀浦に着き、六日の午後には山田津から守山を経て蒲生郡の鏡の宿に泊まる。翌日、常陸の三村寺の道篋《どうきょう》から、長母寺の新発意《しぼち》僧三〇余人が初めて律法を行うので、叡尊に二・三日の逗留を求める旨の書状が届き、九日に墨俣川西岸に長母寺の僧二人が出迎える。そこで叡尊は黒田宿に泊まり、一〇日の夜に折戸を経て長母寺に到着する。雨が降っていたという。

常住僧の言葉によれば、長母寺は山田次郎の息、侍従阿闍梨良円が相伝して管理するもので、領地が多く財産も乏しくない。さきに当寺の僧が西大寺に止住し、修行に心を打たれたことを良円が聞いて感動し、寺を十方僧の依るところとし、資材も十方僧の通食にあてたところ、年来止住の僧三〇余人が同心し、資材を捨てて長斎を行じているという。

叡尊もこれに感動し、一一日から一五日まで長母寺に滞在。一五日の涅槃講《ねはんこう》の際には、聴衆が雲集して寺中に収まらないため、露地でも梵網布薩《ぼんもうふさつ》を行い、結縁《けちえん》衆は三〇〇〇余人におよんだとされる。この後、良円の父、山田次郎入道が小袖一領をすすめたが叡尊はこれを辞退。二七日に鎌倉に入っている。

馬淵和雄氏は、このような叡尊の連泊が他では見られないことに注目し、その理由として、戒律復興で大きく力を伸ばしていた叡尊の思いと、長母寺の場所が大窯業生産地を含んだ山田郡内だったこととの関係を指摘している。

確かに長母寺は、庄内川を見下ろす丘陵の先端に立地しており、その地理的な条件は、交通の要衝と地域拠点の両方を備えている。

中世前半の関東・東海には多くの町や村があり、様々な人々がそこで生活を営み、また活発に各地を移動していたのである。そして紀行文を代表する『海道記』と『東関紀行』を見ると、それらの村や町には様々な種類のあったことがわかる。

▼『海道記』と『東関紀行』

『海道記《かいどうき》』は貞応二年（一二二三）四月四日に鎌倉に向かって京都を出発し、五月初めに帰るまでの旅を記したもので、作者は不明であるが下野守従五位下藤原行長とも言われている。このうち東海関係の一部を見る。

四月五日に内の白川と外の白川（滋賀県甲賀郡）を過ぎて東海へ向かった主人公は、鈴鹿の関屋に泊まる。翌六日は水田地帯を行き夜に市《いち》が腋《え》（愛知県愛西市佐屋町か）に泊まる。七日は津島の渡し（津島川の末の渡し）から船に乗って尾張国へ入る。前面に桑畑が広がる。「見れば又園の中に

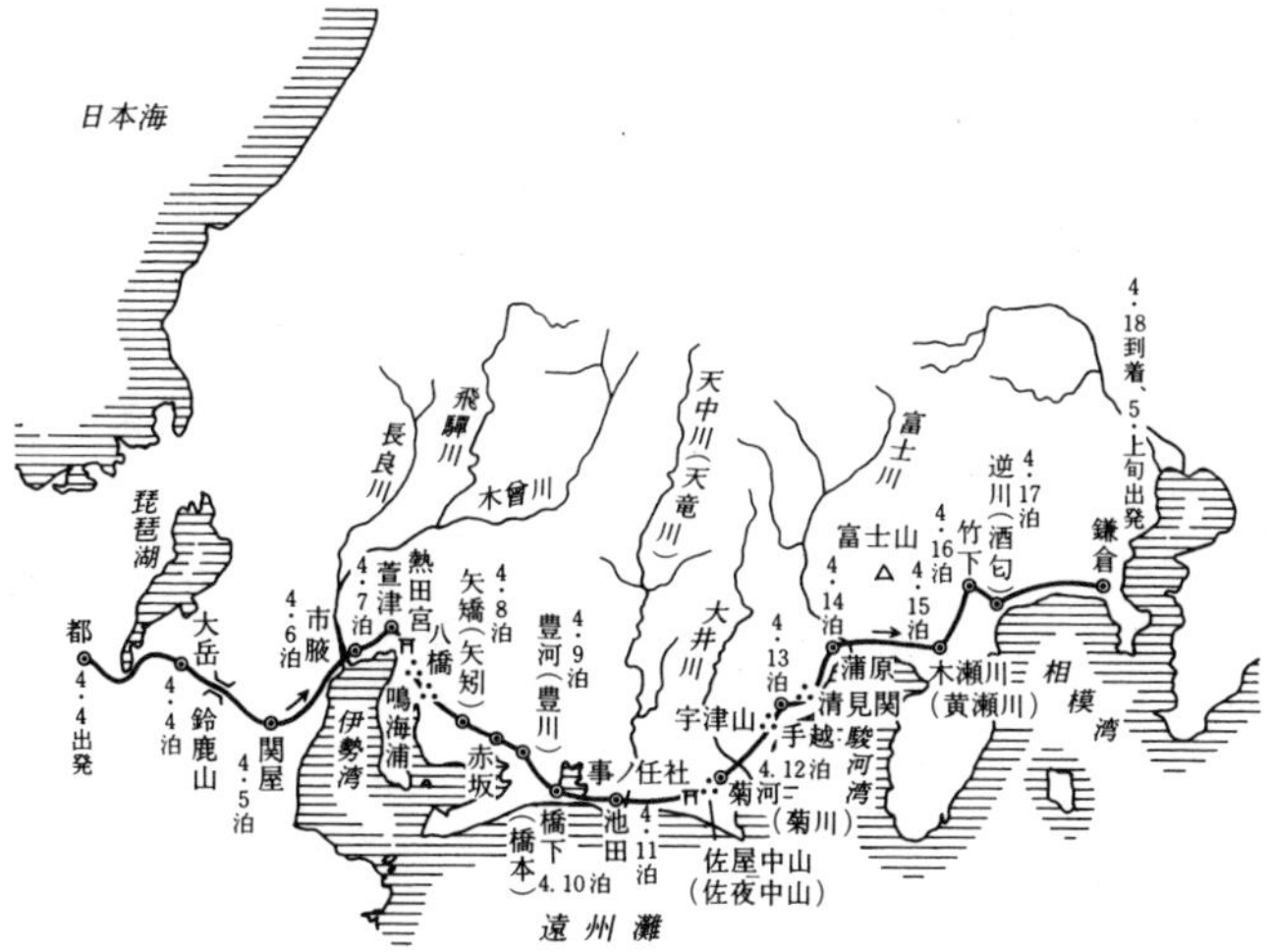

図 2-14 『海道記』に登場する地名と行程
（岩波書店 1990『中世日記紀行集』（「日本古典文学大系」））

桑あり、桑の下に宅あり。宅には蓬頭なる女、蚕簀に向かって蚕養を営み、園にはりょう頭たる翁、鋤を柱して農業をつとむ。大方禿なる小童部といえども、手を習う心なく、ただ、足をひちりこにする思のみあり。弱くしてより業をならう有様哀れにこそ覚ゆれ」。その日は萱津宿（愛知県海部郡甚目寺町）に泊まる。大山喬平氏が注目した、尾張の風景を表現した有名な文章である。

八日は鳴海の浦を行く。熱田をすぎると西の空には海が広がり、雲も水も青々している。沖にはいっそうの船、空に昇る。蓬莱島判なくても、不死の薬はなくても、波上の遊興は一生の歓会なり。潮見坂を登り宮道山と二村山を過ぎる。山中には堺川（尾張と三河の境）が流れる。

雉鯉鮒の馬場（愛知県知立市）を経て矢作宿（愛知県岡崎市）に泊まる。

『東関紀行《とうかんきこう》』は仁治三年（一二四三）八月十日頃、京都を出発して鎌倉へ旅をした記録であり、作者は不明とされている。やはり東海関係の一部を見る。

作者は、美濃関山（岐阜県不破郡関ヶ原町）から株瀬川で泊まった後、萱津《かやつ》を通過する。これに続くのが有名な萱津の宿の描写である。

「萱津の東宿の前をすぐれば、そこらの人集まりて、里も響くばかりにののしりあえり。けふは市の日になむ当たりたるとぞいふなる。往還のたぐひ手毎に空しからぬ家づとも、かの「見てのみや人にかたらむ」とよめる花のかたみにはやうかはりて覚ゆ。」

萱津の宿には市がたち、大いに賑わっていた様子が良くわかる。

その後、熱田から二村山（愛知県豊明市沓掛町）を越え、矢矧・赤坂・豊川・渡ふ津（愛知県宝飯郡小坂井町）を経て鎌倉に向かっている。

このように、『沙石集』と二編の紀行文を読み直すと、鎌倉時代の東海にあった様々な集落を確認することができるが、それと同時に、それらの集落が様々な名称で呼ばれていたこともわかる。

例えばこの二編を含めた中世の紀行文について、地名索引（片岡伸江「地名索引」『中世日記紀行集』岩波書店一九九〇）から、東海地域に関連したものを抽出し、まとめてみると、集落の代表的な名

図 2-15 『中世日記紀行集』にみる東海の集落
(片岡伸江「地名索引」『中世日記紀行集』岩波書店 1990)

No.	種類	名称	所在地
1	寺院	玉滝寺	三重県阿山郡阿山町玉滝
2	寺院	菩提寺	三重県上野市荒木
3	集洛?	上野	三重県上野市平野
4	集洛?	小田	三重県上野市小田町
5	集洛?	川合	三重県阿山郡阿山町川合
6	集洛?	服部	三重県上野市服部町
7	集洛?	射和	三重県松阪市
8	集洛	多気	三重県一志郡美杉村
9	集洛?	馬瀬	三重県伊勢市
10	集落	相可	三重県多気郡多気町
11	宿・社	山田	三重県伊勢市
12	港	大湊	三重県伊勢市
13	港	川崎	三重県伊勢市
14	港	桑名	三重県桑名市
15	国府	遠江の国府	静岡県磐田市
16	国府	見付の里	静岡県磐田市見付町
17	集洛?	上野原	静岡県
18	集洛?	こまば	静岡県榛原郡金谷町
19	宿	橋本	静岡県浜名郡新居町
20	集落	浜松	静岡県浜松市中心部
21	宿	菊川	静岡県榛原郡金谷町
22	宿	播豆蔵宿	静岡県島田市南部
23	宿	引馬の宿	静岡県浜松市北部
24	宿	廻(舞)沢	静岡県浜名郡舞阪町
25	宿	山口ト云今宿	静岡県掛川市
26	宿・渡	池田	静岡県磐田郡豊田町
27	神社	事ノ任	静岡県掛川市日坂
28	渡	天竜の渡り	静岡県
29	渡	妙井渡	静岡県榛原郡金谷町
30	市・町・渡	矢矧	愛知県岡崎市
31	集洛?	宮橋	愛知県知立市
32	宿	渡ふ津	愛知県宝飯郡小坂井町
34	宿	赤坂	愛知県宝飯郡音羽町
35	宿	雉鯉鮒	愛知県知立市
36	寺院	久能寺	静岡市
37	寺院	定輪寺	静岡県裾野市
38	集洛?	遇沢	静岡県駿東郡小山町竹ノ下付近か
39	集洛?	岫が崎	静岡県庵原郡

No.	種類	名称	所在地
40	集洛?	車返	静岡県沼津市
41	市	前嶋	静岡県藤枝市
42	市	藤枝	静岡県藤枝市
43	宿	岡部	静岡県志太郡岡部町
44	宿	興津	静岡県清水市
45	宿	手越	静岡市手越
46	宿・渡	蒲原	静岡県庵原郡蒲原町
47	宿・港	湯居宿	静岡県庵原郡由比町
48	関	清見潟	静岡県清水市興津
49	宿・市	市腋	愛知県海部郡佐屋町
50	宿・市	萱津	愛知県海部郡甚目寺町
51	神社	一の宮	愛知県一宮市真清田(ますみだ)
52	神社	熱田の宮	愛知県名古屋市熱田区
53	渡	津嶋の渡	愛知県津島市
54	峠	二村山	愛知県豊明市
55	寺院	持是院	岐阜市
56	寺院	正法寺	岐阜市
57	寺院	瑞岩寺	岐阜県揖斐郡揖斐川町
58	寺院	長寧院	岐阜県
59	寺院	美江寺	岐阜県本巣郡巣南町
60	寺院	民安寺	岐阜県不破郡垂井町
61	集洛?	革手	岐阜市上川手・下川手一帯
62	集洛?	平野	岐阜県安八郡神戸町
63	集洛?	山中	岐阜県不破郡関ケ原町
64	集落	芥見の庄	岐阜市芥見
65	集落	野上	岐阜県不破郡関ケ原町
66	宿	青墓	岐阜県大垣市青墓町
67	宿	赤坂	岐阜県大垣市
68	宿	笠縫の里	岐阜県大垣市笠縫町
69	宿	垂井	岐阜県不破郡垂井町
70	宿・渡	杭(株)瀬川	岐阜県大垣市
71	宿・峠	伊増塔下	岐阜県不破郡関ヶ原町今須
72	宿・港	江口	岐阜市江口
73	神社	南宮	岐阜県不破郡垂井町
74	神社	結ぷの神	岐阜県安八郡安八町
75	関	不破の関	岐阜県不破郡関ヶ原町
76	渡	洲俣川	岐阜県安八郡墨俣町

称には、「宿」以外に「市」・「渡」・「村邑」が見える。

ただし河川が多い東海の地理的環境から、「宿」は一般的な陸上交通路の「宿駅」以外に、陸路が川と交差する「渡の宿」が多く、これに次いで海路との結節点に設けられた「湊の宿」も多いことがわかる。

さらに参詣記事が多いことから、伊勢・熱田などでは門前町的な集落が成立していたことも推定されるが、これらの集落が同時に、経済と交通の拠点としての役割を担っていたことも注意しなければならない。

それでは、このような紀行文や説話集に登場する鎌倉時代の様々な町や村は、東海の各地で発見されている多くの集落遺跡と、どのように対応するのであろうか。

▼東海の中世集落跡

①村の風景

岐阜県可児《かに》市に所在する柿田遺跡では、平安時代から室町時代まで続いた集落と耕作地が調査され、小野木学氏の詳しい分析によりその変遷が明らかにされている。可児市はその西を美濃加茂市と接しているが、市境となっているのが飛騨につながる飛騨川と信濃につながる木曽川の合流点である。その意味で美濃加茂と可児はひとつの川湊の両岸に形成された宿を源流として持っている。

柿田遺跡はこの東濃の交通の要衝であった可児市中心部の東で、長野県に続く国道二一号線（中仙道）に沿った水田地帯の一角に位置する。遺跡周辺の地形は、北と南を山で挟まれた東西に長い谷で、その中央を可児川が東から流れる。柿田遺跡から東は、すぐに美濃東部の低い山地に入り、その先は中央自動車道の土岐あるいは瑞浪インターチェンジにつながっている。したがって柿田遺跡のある場所は、中仙道ルートの信濃への玄関口にあたっているとも言える。

注目される遺跡は鎌倉時代の遺構群である。調査区の全面から、可児川の周辺に沿ってひろがる耕作地と、ほぼ一町単位で点在する集落と、数町を隔てて溝で囲まれた屋敷地が発見された。このうち溝で囲まれた屋敷地のひとつからは、白磁の四耳壺《しじこ》が見つかっており、溝で囲まれた屋敷の構造と遺物の両面で、この屋敷地は鎌倉時代の名主層の館と推定される。

さらにこの遺跡で注目されるのは、柿田遺跡の東に元屋敷という地名があり、そのすぐ東で可児川が（堰の構築に有利なように）蛇行しており、ちょうどその場所からこの谷が広がっていることである。したがってこれらの状況を総合すれば、おそらくこの谷の中世的な景観は、元屋敷周辺にあったと考えられるもう一つの館がこの地区のリーダーとなって灌漑用の水利を掌握し、そこから一定の距離を隔てて柿田遺跡の館のような名主層が点在し、さらにそれらの館の周辺には各々の再生産を支えた村人たちがおよそ一町程度の距離で家を構えていたと復原できる。

柿田遺跡の北には顔戸《ごうど》という地名が残るが、これは「郡家」に関係する名称であり、もちろん柿田は「館」にちなむ「垣田」との関係が類推できる。柿田遺跡とその周辺は、おそらく奈良時代に起源をもつ農業を中心とした地域拠点のその後の展開のひとつの典型ではないかと考えられる。

② 宿の風景

西三河中央部を流れる矢作川流域の遺跡群は、大きく愛知県西尾市に所在する矢作川下流域と同豊田市南部に位置する中流域の二つの地域に分けられる。このうち中世の集落遺跡として注目されるのは、中流域でみつかった郷上《ごうがみ》遺跡と下流域でみつかった室《むろ》遺跡である。

郷上遺跡は、愛知県豊田市の矢作川中流域右岸に広がる自然堤防上で、西三河の地形を特徴づける碧海台地の縁辺に並行して形成されている。調査区のほぼ全域から溝・土坑・井戸および掘立柱建物などが発見され、とくに一五世紀後半以降には一〇カ所以上で、溝で区画された屋敷地が確認された。このうち内部の様子がわかる屋敷地をみると、北側に主屋（約五〇平方メートル）が南側に副屋と井戸および庭があったと考えられている。注目されるのは、これらの屋敷地が北東―南西

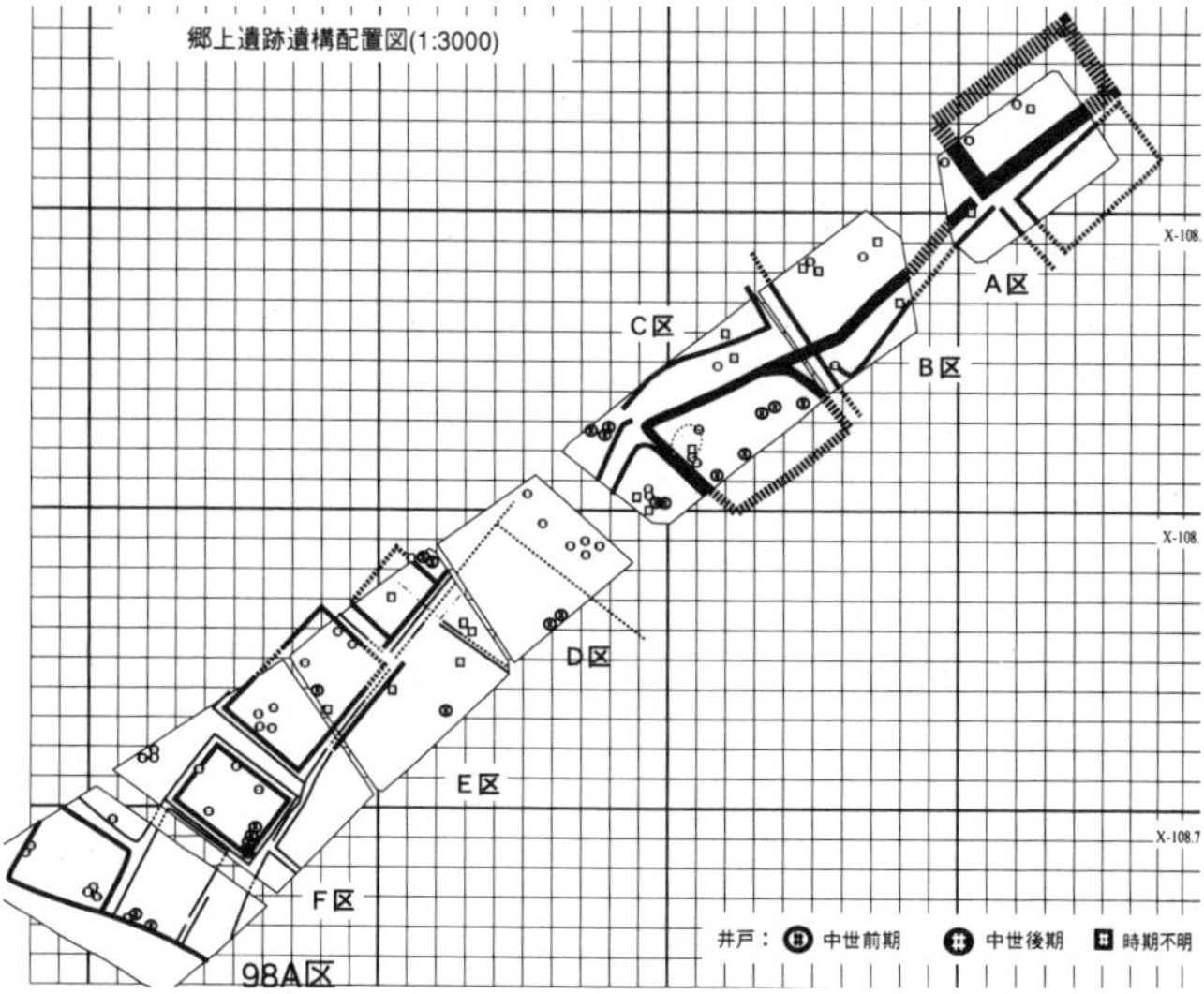

図 2-16　郷上遺跡の街道集落
(川井啓介 2002「中世集落の様相－西三河－」『東海の中世集落を考える』第 9 回東海考古学フォーラム尾張大会実行委員会)

を軸とする溝に沿って並んでいる点である。なかでも調査区の北半部は溝が並行して走っているため、その間は道の可能性もある。そうであれば、これらの屋敷地は道に沿って軒を連ねる街村の景観を示す。

室遺跡もやはり同様な風景を示す集落遺跡である。立地は矢作川が碧海台地から南の低地に流れる台地の縁辺部にあたる。調査区の全域から井戸・溝・掘立柱建物跡などが見つかり、このうち一三世紀前半から一四世紀代に最大七区画の屋敷地が形成されたことが推定されている。屋敷地は溝で区画され、内部に井戸と掘立柱建物が配され、さきの郷上遺跡と同様に道をはさんで向かい合う形で並んでいる。

これらの遺跡に共通する特徴は、区画溝を伴った屋敷が道に面して並ぶ姿である。この道がどこへ続く道であるかはマクロ的な検討が必要だが、後述する富田荘の中の「宿」の形をとっている可能性がある。

③港の風景

豊橋市牟呂《むろ》地区は渥美半島の付け根にあたる豊川と柳生川の河口に挟まれた場所に立地する。調査された遺跡は市道《いちみち》・公文《くもん》遺跡（豊橋市牟呂公文町）である。

遺跡は一町四方の規模をもつ市道廃寺（八～一一世紀後半）とその周辺の建物群から構成される。この遺跡の周辺は、古代においては渥美郡の郡領クラスの氏寺とその居館であった可能性が考えられていたが、中世になると市道廃寺を基準とした区画が消え、市道廃寺と重複する区画を中心としながらも、不整形の区画（屋敷地）が周囲を取り囲む。また前記の中心区画の南には、東西方向と、中心区画の南面を起点とする南北方向の道が走り、南へ広がる屋敷地がこの道に面して連なっている。

さてこの牟呂地区に関わる記録であるが、弘治二年（一五五六）の山科言継《ときつぐ》の駿河下向文に「牟呂津」の存在が知られ、鎌倉時代後期に遡れば海上交通の北条得宗領であったことが知られている。さらに豊川と柳生川に挟まれて三河湾に突出したこの地理的条件を考慮すれば、その機能が古代に遡ることも考えられ、先に紹介した市道・公文遺跡はこの牟呂地区にあった港のセンターであった可能性が指摘されている。おそらく港の管理と共に、宿や市も兼ねた集落であったのだろう。

ただし、持躰松《もったいまつ》遺跡（鹿児島県）、白井川遺跡（長崎県）、大物《だいもつ》遺跡（兵庫県）などで発見された、直接港に関連する荷揚げ地のような遺跡は確認されていない。

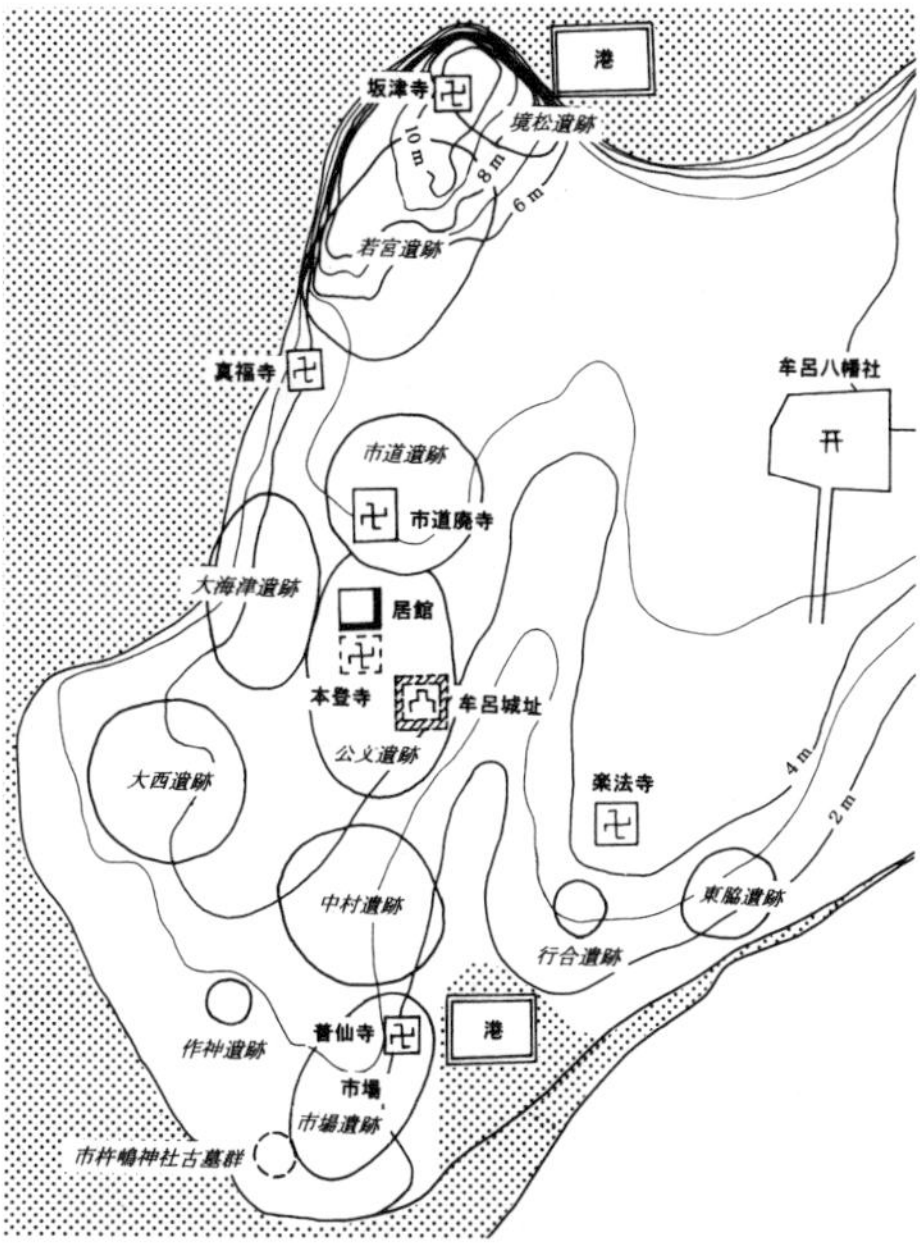

図 2-17　市道・公文遺跡の港湾集落
（岩原剛・贄元洋 2002「東三河の中世集落」『東海の中世集落を考える』第 9 回東海考古学フォーラム尾張大会実行委員会）

このように、東海の各地で発見されている集落遺跡の中で、鎌倉時代の紀行文に見られた「村」・「宿」・「津」に対比できる可能性のある事例について見てきた。

ところで東海には、精密な絵画資料によって中世史研究を大きく進めた有名な荘園がある。

一般に『富田荘絵図』と呼ばれるその荘園絵図には、おおむね一四世紀前半の道・川・宿・市・屋敷・寺社・耕作地など中世の地域社会を構成した全ての要素が描かれており、中世の風景を検討するための最重要史料として知られている。

そして中世の地域社会とは、このような様々な集落が有機的に組み合わさり、一つにまとまることで出来上がった空間だった。そこで次には、この絵図を基に、これまで見てきた様々な集落が、富田荘とどのように関係するのか考えてみたい。

▼富田荘《とみたのしょう》絵図

富田荘は、現在の愛知県名古屋市中川区西部・海部郡大治町・七宝町・甚目寺町を中心とする平安時代後期から室町時代にかけて営まれた荘園である。以下、大山喬平氏の研究に学びながら、この荘園を歩いてみたい。

記録によれば、富田荘は康和五年（一一〇三）に右大臣藤原忠実の家領として登場する。その後の記録をみると、建暦元年（一二一一）に北条義時が領家に地頭職の請文を提出し、北条氏による富田荘の地頭請が始まる。下司職もおそらく北条氏に継承されたものとされる。次いで弘

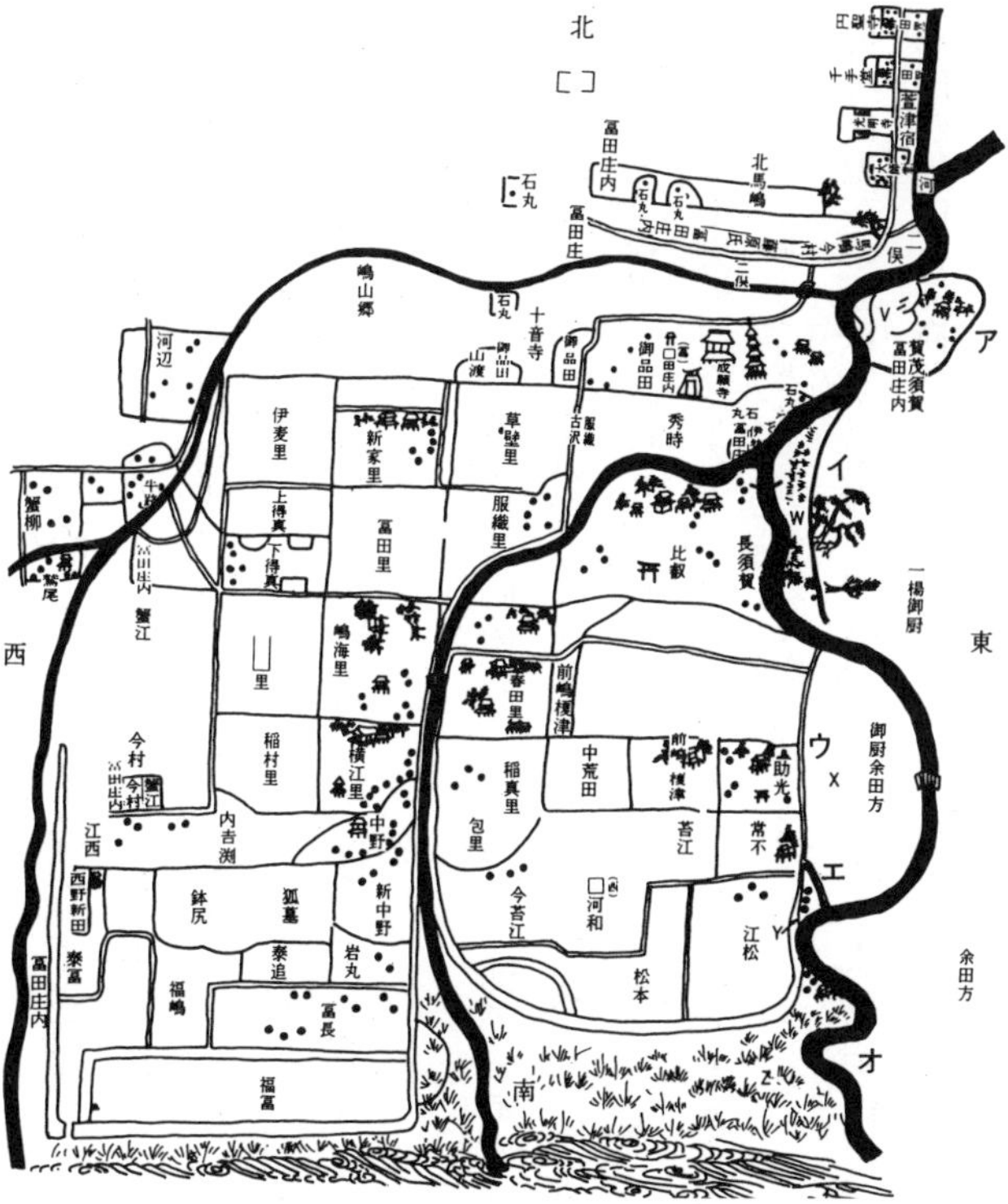

図 2-18 『富田荘絵図』トレース図
（小川都弘 1989「尾張国富田荘絵図の空間叙述」『絵図のコスモロジー』下巻 地人書房）

安六年（一二八三）には北条時宗が円覚寺へ地頭職を寄進。この時の検分により知られる地頭得分《じとうとくぶん》としての富田荘の年貢は、米一四二八石八斗、銭一五〇六貫八六八文だった。さらに嘉暦二年（一三二七）には、領家の近衛家と地頭の円覚寺の間で年貢地頭請の再契約がおこなわれ、荘園管理は円覚寺がおこない、その代わりに近衛家は円覚寺から一一〇貫を得ていることがわかる。

さてこのような経緯を経ている富田荘であるが、その研究には円覚寺に残されていた一枚の絵図が大きな役割を果たしてきた。米倉二郎・板倉勝高両氏にはじまる多くの先行研究を持つこの絵の解読は、とくに黒田日出男氏による富田荘と伊勢神宮領一楊《ひとつやなぎの》御《み》厨《くりや》間の境界争いに関わる批判など検討の必要な課題は多いが、ここではこの絵図がおおむね一四世紀前半の村落景観が描かれている資料として、大山氏の研究に従いながら先に見てきた東海の集落遺跡との関係を考えていくことにしたい。

最初にポイントとなるのは荘園内の階層と集落の関係である。一二八三年の円覚寺荘園検注によれば、給分にあがっているのは政所（給田一町、屋敷一）・田所兼公文（給田三町、雑免一〇町）・名主一六人（給田一二町八反四〇歩）・番衆二〇人（給田無し）である。このうちまず政所であるが、当荘のほぼ中央に位置する横江郷に他と区別できるような大きさで屋敷が描かれており、これが円覚寺の政所であることは大方の意見が一致する。

場所は現在の近鉄名古屋線戸田駅の近くで、すぐ東脇を戸田川が流れる。またこの里の南半分には小屋が集中して描かれており、この地区が政所の屋敷を中心とした集落の集中地であった可能性を示す。

次に名主層であるが、一六人の名主はいずれも一町程度の給田をもち、その名田面積はその数倍であったと考えられており、大山氏は畿内の名主の名田面積が一、二町程度とされるため、富田荘の名主は九州や東国の名主に類似した小地頭層に近い存在だったろうと指摘している。また富田荘の名主は元来その下に直接生産者がつき、さらに年貢を直接領主におさめる立場でもあったため、その源流は平安時代以来の小領主的な存在だったとも考えられている。

一方これに対して『富田荘絵図』には、草壁・服織・春田・稲真・新家・富田・鳥海・横江・伊麦・得真・□□・稲村里の一二の里があり、一六人の名主はこれらにあてられる可能性がある。

なお番衆は富田荘の年貢を円覚寺まで運上する「宿兵士」がその具体的な姿であり、田所・公文については、政所が鎌倉からの派遣だったのに対し、在地を拠点とした有力な武士団の中核ではなかったかと考えられている。

▼萱津宿

最後にポイントとなるのはこれら直接生産に関わった村落構成員以外の要素である。具体的には円覚寺と関係のある甚目寺や成願寺《じょうがんじ》とその南の比叡（社）あるいは、『一遍聖絵』にも登場する有名な萱津宿である。これらの要素はいずれも富田荘の中心を離れた北東の位置に描かれており、そのため絵図の構成は一二カ里を中心とする条里地割にのった中央から南にかけての部分と、寺社と宿を中心として条里地割を意識しない北東部の二つに分かれることになる。

これは庄内川下流の不安定な自然条件の下、荘園の維持に必要な農業生産の場を担った一二カ里周辺と、外界との接触点でありまた、中世村落に不可欠な要素である宗教施設が隣接する意味で、成願寺門前に近い役割も果たした可能性のある萱津宿（市）との組み合わせによる二元的な中世社会の構造を示している可能性がある。

さきの『東関紀行』に描かれているように、萱津の周辺は交通の要衝であり、また経済の中心地でもあったと考えられているが、萱津から比叡を含んだ地区の中心には、川の合流点に加えて橋と道が明確に描かれている。この地区の特徴を象徴する表現としてとらえられよう。なお萱津宿の景観は、現在も庄内川右岸の自然堤防上を走る細い道をたどることにより、連続する寺院と家並みの中にうかがうことができる。

ところでこのような富田荘の風景と、先に見てきた中世集落跡とを対比する必要がある。そこであらためて富田荘内の各所を見直すと、横江郷政所の特徴は館を中心に集合する家屋群であり、これは市道・公文遺跡の状況に類似する。名主屋敷については、元来直接生産者をもっていた自立した存在であり、さらにその成立が平安時代に遡る点で、柿田遺跡でみられた中世前期の館とその周辺に点在する家屋群が対比される。そして萱津宿については、時期を異にするものの郷上遺跡のような街道に沿った集落をあててみることを考えている。

▼─まとめにかえて

『沙石集』を手がかりにして、鎌倉時代を中心にした東海の中世遺跡とそこから復原される風景を考えてきたが、その結果二点の問題が指摘できそうである。

第一点は、これまで全て同じように検討されてきた集落遺跡を、多様な村や町や都市的な場の一部として見直さなければならないことである。ここまでの整理を振り返れば、中世の都市的な場を含む地域社会とは、「生産拠点」と「流通拠点」の二元的な構造あるいは、「政所（名主）」・「社寺（信仰と宗教）」・「宿（市）」が有機的に関係した姿でまとめられる可能性がある。

ここではそのための試みとして、市道・公文遺跡、柿田遺跡、郷上遺跡をそれぞれ富田荘絵図に描かれている政所、名主層の屋敷、萱津宿に対比させて考えてみた。ただしもちろんこれはあくまでモデルであって、それぞれの実態にあった検討は、今後も深めないといけない。

第二点は、既に大山氏が指摘しているように、東海の農業生産に畑作が大きな位置を占めていたことへの注目と、それを前提にした景観復原の必要性である。

美濃・尾張地域は有数の養蚕地帯で、古代から中世への転換期には全国的な絹の特産地となり、東大寺領大井荘（美濃国）や醍醐寺領安食《あじき》荘（尾張国）など絹・綿・糸を年貢とする所領が多く知られている。

そしてその前提となったのが大型の河川が集中する東海の地理的な環境である。東海の低地はそのために洪水の被害を受けやすく水田耕作には不向きであった。そのため自然堤防を利用した桑畑が営まれ、その結果絹の盛んな生産が行われたと考えられている。

さらに一三世紀後半から高騰した絹と綿の価格が、現地の地頭や荘官および農民層に貨幣経済を浸透させることにもなり、『富田荘絵図』に描かれた萱津宿の市の繁栄が、それと深い関係にあったということも、大山氏や樋口州男氏が指摘するとおりであろう。

これまで集落の成立と存続については、特に畿内を中心として水田経営を前提とする考え方が強かった。しかし本来は、地域毎に異なっていた様々な背景を前提に考え直す必要がある。『富田荘絵図』と遺跡の関係は、それが中世の都市遺跡を見る際にも重要なポイントであることを明確に示している。

Ⅲ

室町時代の風景

環日本海地域の城と館

一　石見の館と因幡の館

▼名和長年《なわながとし》

元弘の乱による笠置の陥落で捕らえられた後醍醐天皇は、その後隠岐に配流されるが、元弘三年（一三三三）閏二月二四日に島後の国分寺を脱出し、『太平記』や『伯耆之巻』によれば月末には伯《ほう》耆《き》国大坂浜（鳥取県東伯郡赤碕町箆津《のつ》（現・琴浦町））に上陸（『梅松論』では名和庄野津郷。『増鏡』では稲津浦）。名和長年の支援により、大山の北峰にあたる赤碕町の船上山《せんじょうさん》を拠点として朝敵追討の宣旨を諸国に発する。

足利高氏（尊氏）はこの求めに応じて四月下旬に反幕府の立場を明らかにし、新田義貞も五月八日上野国生品《いくしな》神社（群馬県太田市）で挙兵。鎌倉幕府は同月の二一日にその幕を閉じる。後醍醐天皇はその後、六月五日に京都に戻っているため、伯耆の船上山は数ヶ月にわたり全国に影響を及ぼしていた場所だったことになる。誤解をおそれずに言えば、伯耆国は激動の時期において、数ヶ月を政治の拠点にできた土地だったと言えるのである。

それでは伯耆国とはどのような土地だったのか、名和氏とはどういった人物だったのか。あまりに有名な建武新政の幕開けのエピソードであるが、実は後醍醐天皇の伯耆における生活や、南北朝の大変革時代を開いた後醍醐天皇を支えた人物が、なぜ名和長年なのかについてはよくわかっていないことが多い。以下、『鳥取県史』をもとにその理由を探ってみたい。

図 3-1　後醍醐天皇御腰掛岩（著者撮影）

『伯耆之巻』や『那波系図』によれば、名和氏は村上天皇の第六子であった具平親王を先祖とする村上源氏と伝えるが、その詳細は明らかでない。長年の姿が史料に現れるのは、父親の行高が但馬から伯耆国長田（長田は西伯郡大山町内か西伯町（現・南部町））に移住して長田氏を称して以降（『名和氏紀事』）で、嫡子長年は本拠を長田から汗入《あせり》郡の名和に移したことにより、名和氏を称したと言われている。

彼は後醍醐天皇を護り、「己ガ館ニ火ヲカケ、其勢一五〇騎ニテ船上山」に登り、大山の峰に続き三方を崖に守られた智積寺（大山と本末関係にあった船上寺）を拠点として、出雲・因幡・隠岐に人を遣わし」（『太平記』）、敵の佐々木清高らの来襲を撃退し、後醍醐天皇の上洛には、長年だけでなく子の義高も従ったと言う。

京都に入った長年は、その功により建武新政時には記録所寄人・恩賞方衆・雑訴決断所衆などの要職を兼ね、元弘三年八月一三日には六波羅の残党を捕らえるように鞍馬に依頼、東市正・左衛門尉・伯耆守・従四位下を任じたとも言う。しかし延元元年（一三三六）五月に足利尊氏が九州から攻め上ると、天皇は比叡山に避け、足利方との戦闘の中で、六月三〇日に戦死。場所は『梅松論』では三条猪熊、『太平記』には三条大宮とも伝えられ、現在大宮一条下がる梨木町にその碑が建てられている。

それでは伯耆を出発点として後醍醐天皇を助けた長年の原動力は何だったのだろうか。

図 3-2　名和長年碑（著者撮影）

▼海の領主

『和名抄』の汗入郡奈和郷に比定される名和町（現・西伯郡大山町）は、大山の丘陵が北へのび、狭い平地を経て日本海へ落ち込む位置にある。大山を水源とする阿弥陀川が町の西端を北流し、海岸には御来屋《みくりや》・下坪《しもつぼ》・木料《きりよう》の港がおかれる。一方標高四〇〇～五〇〇メートルの丘陵上には古墳時代以降の遺跡が分布し、また古代山陰道の和奈駅（御来屋と名和の集落境）がおかれ、高田・押平以北には条里がみられるところから、古代以来中央と一定の関係を持っていたことがうかがわれる。

そんな名和の地に中世、名和庄と西庄が成立し、名和長年は名和庄の地頭となる。『古本伯耆巻』の「奈和庄地頭村上又太郎長高（名和長年）」や『異本　伯耆巻』・『舟上記』の「那波庄」住人「源小太郎長高・同舎弟悪四郎泰長」の表記がそれを示す。

その人物像について『太平記』は「名有ル武士ニテハ候ハネ共、家富一族広シテ、心ガサアル者」とし、『梅松論』は「奈和又太郎と申福裕の仁候。一所にをいて討死仕べき親類の一二百人も候らん」、また『増鏡』巻一七は「あやしき民なれど、いと猛に富めるが、類広く、心もさかさかしく、むねむねしき物あり」と記している。また伝説によれば長年の挙兵の時には館に五〇〇〇〇石の米穀と五〇〇反の白布および五〇〇〇人の人夫を雇用する銭貨があったとも言われる。

これらの説明を全てそのまま史実として受け入れるわけにはいかないものの、長年の特質として経済力と統率力のある武士の姿が描かれている点は注意が必要である。さらに長年の帆掛船の笠標からもうかがえるように、その一族は御来屋に近い坪田に居館をおいたとされる海商的な武士団であったとも説明されている。

▼──大山の衆徒

注目されるのはそれだけではない。長年の弟の信濃坊源盛など大山の衆徒も船上山に馳せ参じたとされ、大山に代表される宗教組織との強いつながりがあったことも指摘できる。直接の関係を示すものではないが、建武二年には新興寺（八頭郡八東町（現・八頭町））の寺領を安堵、嫡男義高は建武二年に肥後の八代庄の一部を出雲杵築大社と那智山に寄進、建武三年二月には鰐淵寺の南院の衆徒に指示を出している。

名和長年という人物は、御厨がおかれた可能性から古代以来の歴史を持つ場所を拠点として、海の領主であると共に、その背景に大山の巨大な宗教組織と関係を持っていたことも指摘できるのである。西部日本海の中世都市をめぐるキーワードは、この人物に集約されると言っても言い過ぎではない。

この時期に関わる名和町内の遺跡をみれば、伝名和屋敷跡以外にも、一三〜一四世紀の遺跡として直径約一メートルの礎石が七個ずつ四列に並んだ門前礎石群があり、東坪の龍光寺の堀（上端五メートル）からは昭和五七年の調査で中世の陶器が出土し、周辺の小字名によって一辺一二〇メートルの方形区画が推定されている。今後の調査により、名和氏のより具体的な姿が見えてくることを期待したい。

ところで名和氏と同じように西部日本海沿岸地域で活躍した人物が、遺跡とともに明らかにされてきている。

▼石見の館―益田兼見―

島根県西部を代表する大型河川の高津川と益田川が合流して河口平野を形成する一帯に、柿本人麻呂の終焉伝承や雪舟の作庭で有名な医光寺などで知られる益田市がある。

『益田市史』によれば、平安時代中期頃、益田川河口には五福寺と呼ばれた五カ寺が存在したと言われている。現在の清滝山万福寺は、かつて天台宗安福寺と呼ばれ中須浜崎に建立されており、妙福寺と蔵福寺は現在八幡川の河床となっている明星山久城八幡宮の西南麓にあったとされる。また、真言宗金亀山福王寺は現在の地にあり、専福寺は、その跡地が江戸時代に益田七浦を統括する番所として利用されたと言われる。

図 3-3　七尾城から益田市街を望む（著者撮影）

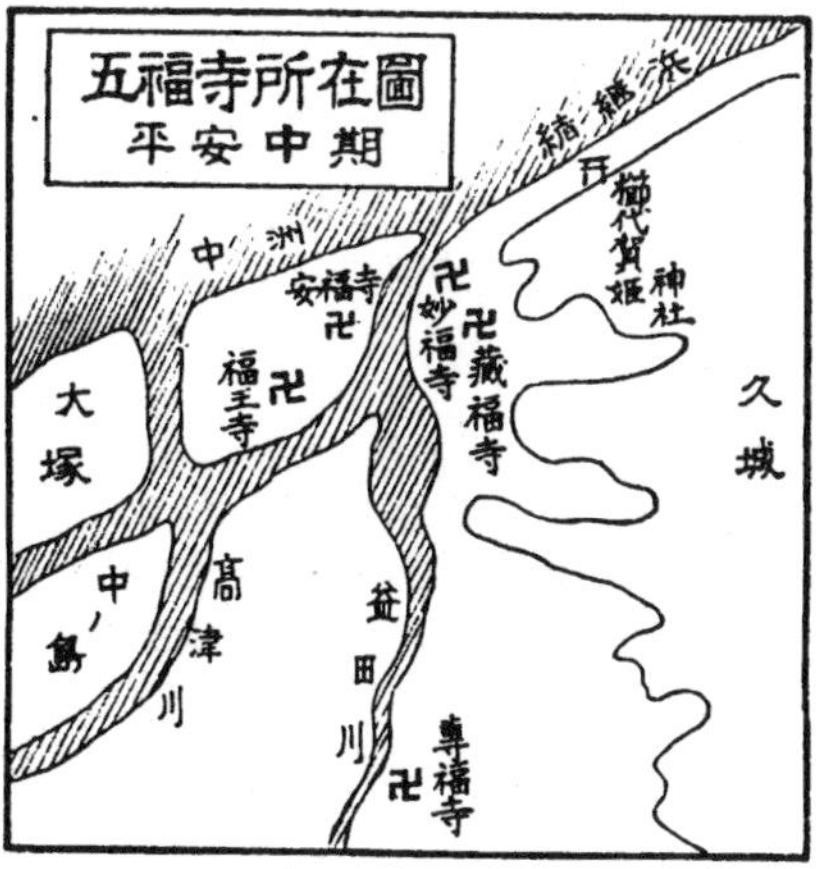

図 3-4　五福寺所在図
（矢冨熊一郎　1952『益田町史』上　益田公民館）

これらの寺院は、万寿三年（一〇二六）五月二三日の亥の刻におきた大津波によって水没したとされ、一九九二年の鴨島海底学術調査により、その痕跡についての発表がおこなわれている。石見で最も遺跡数の多い益田は、井上寛司氏が復原するように、港の適地として『海東諸国記』にも見られ、古代・中世においては、中須を旧益田湾の沖に外港としておいた海上交通の重要地だったと言える。

その益田に遅くとも中世後半には本拠をおき、石見国内で大きな勢力を誇った国人が益田氏である。詳細な出自は不明であるが、記録を辿れば、益田荘は治承四年（一一八〇）に藤原兼房に譲渡された所領として九条家文書の中に現れ、その直後の元暦元年（一一八四）には藤原（益田）兼栄が、元暦二年には四代兼高がその所領に関わる人物として登場する。

井上寛司氏の研究によれば、藤原（益田）氏は一〇・一一世紀頃に雑任国司《ぞうにんこくし》などとして石見に来た一族で、その後石見国衙の在庁官人として国衙領を核にした益田平野の開発をすすめたが、一二世紀後半にそれらを摂関家に寄進し、兼高が壇ノ浦合戦に参加するなど荘官として勢力を拡大する中で、建長二年（一二五〇）頃、庶子の成長と共に惣領家が益田氏を称するようになったと考えられている（『吾妻鏡』）。

しかし、北条氏が石見国守護となった永仁七年（一二九九）の益田氏は地頭代として見え、文永一〇年（一二七三）相伝の七代兼長の後家阿忍は、現在の浜田市の安国寺福園寺を中興し、八代兼弘も東山道郷を緒点としていたことなどから、最初の益田氏の本拠は益田ではなく、石見国府（浜田市上府町古市遺跡周辺）だったと考えられている。

その後元亨四年（一三二四）には益田荘領主が円満院の関係に代わるが、この頃から益田氏の益田支配が強まり、建武二年（一三三四）に後醍醐から益田本郷が還付され、永和二年（一三七六）の記録によれば、荘園領主から染羽地域（三宅御土居東方）の政所に預所が派遣され、領家と益田氏による下地中分がおこなわれ、荘園支配の実権を益田氏が掌握するようになる。

益田兼見（明徳二〈一三九一〉年没）はこの時代を築いた益田氏十一代とされる人物で、荘園経営とあわせて守護大内や室町幕府との交流もはかり、万福寺をはじめとする多数の寺社の創建を通じて、現在に残る益田の骨格を整えた人物と言われている。

▼──三宅御土居

その益田氏の館と言われる三宅御土居跡《みやけおどいあと》が、益田川を河口から遡った七尾城を見上げる右岸にある。推定される居館跡のほぼ中央には、かつて泉光寺がおかれ、約一八五メートル隔てて、その東と西に二〇代の元祥が天正一一年（一五八三）から同一二年に造営したと言われる高さ約五メートルの土塁が走っている。

図 3-5　三宅御土居跡（著者撮影）

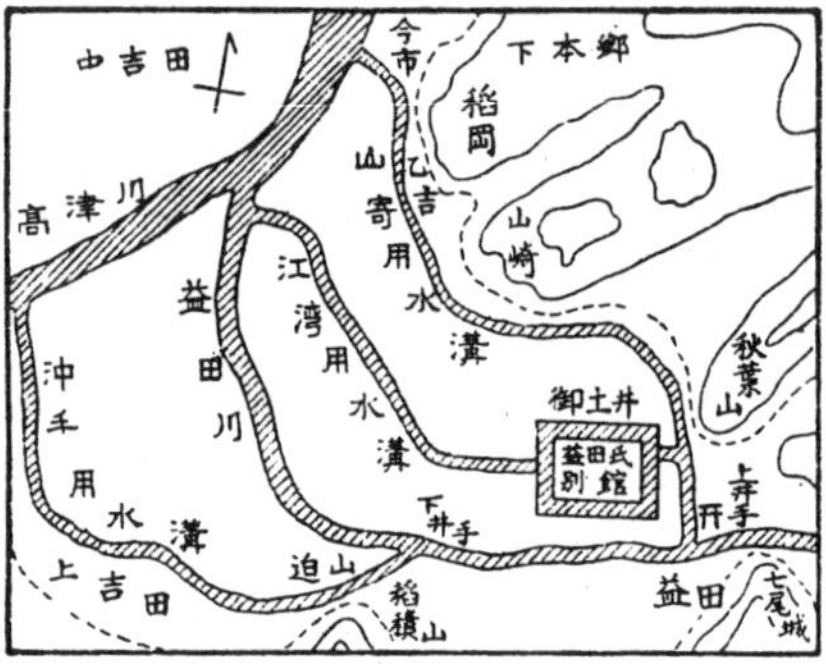

図 3-6　益田水路図
（矢冨熊一郎　1952『益田町史』上　益田公民館）

調査は平成二年度からおこなわれ、周囲から大規模な堀と川が、内部から建物跡などが発見され、三宅御土居跡の継続時期とその最終形状が明らかとなっている。以下、井上寛司氏の詳細な考察に及ぶべくもないが、三宅御土居跡に関わる二点のポイントについて考えてみたい。

一点目はこの遺跡から出土した中世前半の遺物の意味についてである。出土した遺物は一二世紀代の中国製白磁碗と一三世紀代の青磁碗、一四世紀代の白磁皿、一五世紀後半以降の中国製染め付けと国産の土器・陶器である。これは益田氏がこの地を拠点としたと一般に考えられている以前から遺跡が存在し、続いていたことを示す。これは何を意味するのだろうか。

手がかりは三宅御土居跡をめぐる地理環境にある。三宅御土居跡は、広島から石見の山岳地帯を抜けてきた道が、益田川に沿って平野部に出た場所に位置する。この益田川は、時代によって大きく川筋を変え、当時は益田本郷に入る直前で七尾城の北を巡り染羽の山塊の先端に突き当たり南に屈曲し、おそらく現在の河道より南の幸町の道沿いにカーブして多田町まで流れ、そこから再び北西に曲がり乙吉町を蛇行しながら国道九号線のあたりで旧益田湾に流れ込んでいたものと思われる。

ところで、すでに『益田町史』が記しているように、益田川右岸の平野部は益田川との比高差が大きく、そのままでは耕地として利用できない。一方益田荘に関係する史料は、益田氏が平安時代末期に益田の開発をすすめたことを示しているが、そのためには、益田川の水を右岸に導く灌漑用水の成立が不可欠となる。

現在、その機能を果たすための水路として「山寄用水溝」と「江湾用水溝」が知られているが、このふたつの水路の起点が三宅御土居跡のすぐ東に位置する。これらの水路の成立時期の検証は今後の課題だが、このことは、三宅御土居跡の場所が、その周囲の水路も含めて益田川右岸の灌漑を管理するための最適地だったことを示す。

三宅御土居跡からみつかった一二・一三世紀代の遺物の意味は、このように中世前半の灌漑を前提とした拠点の存在を示すものと考える。周知のように、益田川右岸には条里地割が知られている

図 3-7　福王寺石塔（著者撮影）

が、あるいはその施行が一二・一三世紀における益田川右岸の開発と対応する可能性も検討する必要がある。

ところで、益田氏の特徴は海の領主であるとする考え方が強い。確かに、益田平野の生産量は莫大とは言えず、最も大きな収入は海上交通を利用した交易であったろう。しかし益田氏と日本海水運の関係は、永禄八年（一五六五）の兵粮米の海上輸送や、永徳二年（一三八二）ごろの室町幕府への使者の経路記録から指摘されているもので、中世前半については意外と少ない。

また、中世後期の益田氏が海上交易を主としたのであるならば、その拠点は前代の五福寺のように旧益田湾沿岸に置く方が合理的ではないだろうか。その意味で、三宅の地に拠点を置いた事実は、彼らが当初の拠点の成立前提である耕地開発（管理）の意識を踏襲したからではないかとも考えられることになる。

井上寛司氏は三宅御土居跡周辺の鎌倉時代の景観は、益田荘の領家支配下による政所によるものであり、益田氏の同時期の本拠は七尾城の麓にあったものと推測している。しかし益田氏が益田の開発を主導したのであるならば、政所は現在の染羽の医光寺周辺におかれ、三宅の地に益田館の前身となる施設があった可能性も考えることができる。さらに久々茂土居《くくもどい》を始めとする益田氏関連の遺跡が広島へつながる益田川の上流へのびていることを考慮すれば、益田氏が陸上交通にも長けた性格を持っていた可能性も考える余地がある。

中世前半の益田には、五福寺に象徴される強い宗教勢力が旧益田湾沿岸に集中していた。専福寺の地名に接する沖手遺跡の調査では、一三世紀代を中心として、溝で区画された屋敷や道路が見つかっており、福王寺には鎌倉時代と推定される十三重石塔や大型の五輪塔が安置されている。これらは西大寺流勢力の活動をうかがわせる。一方で、益田川を遡った平野部の奥には、三宅地名によって奈良時代に由来が想定できる拠点があった。中世前半の益田を考える際には、この二つの中心を考える必要がある。

▼──館の形と構造

二点目は中世後半の館の形と構造についてである。確認された最終形状は、東北隅が北に突出した東西に長い方形の館であり、その北と東西を堀がめぐり、南を川がはしる。報告書をもとにその細部を見れば、東西は傾斜の急な土塁の外側にそれぞれ幅九メートルの堀をもつ。これに対して北

図 3-8　三宅御土居復原図（益田市教育委員会）

の堀の規模は幅が最大一六メートル、南は護岸施設がみられ、東土塁の北端では川（水路）がみつかっている。さらに館の西側は少し複雑で、南北の堀が直接川をつないでいるのではなく、館の北を西流する川が館の北東で分岐し、その一方が南へ湾曲して堀を構成し、さらに西の土塁の外側で屈曲して南流し、館の西を区切っている。また館内部には、数度の改変を物語る造成盛土がみられる。ただし中世以前に遡る土塁の実態については不明な点が多い。

このように、三宅御土居跡は、一般にイメージされるような、濠と土塁をもった中世後半の方形館とは異質な形状の館跡と言える。とはいえこの館の特徴がまったく同時期の他の地域の館と無関係であるわけではない。

そのひとつは室町殿との関係である。すでに指摘されているように、一×二町の館の規模は推定される室町殿と共通し、小島道裕氏が展開している花の御所体制にも対比される。

もうひとつは青森県浪岡町（現・青森市）五所《ごしょ》ほかに所在する中世後半の城館跡「浪岡城跡」との関係である。立地は南を浪岡川に接する段丘の縁辺にあたり、その川に沿って東は南津軽の山塊を越えて青森につながり、西は五所川原を経て外が浜へ抜ける道がのびる。また、施行の時期は明らかでないが、比高差によって直接の取水が不可能な浪岡川右岸地域の灌漑のために、浪岡城の東に水路がひかれている。

城館跡には、北館・内館など幅二〇メートルの堀で区画された八カ所の郭が、浪岡川に平行して東西に長く連なる。土塁の無い点も共通する。天正年間に滅ぼされた最後の城主が北畠氏であったため、その成立も一五・一六世紀と考えられているが、出土遺物は一二世紀後半から一三・一四世紀のものもみられ、すでに中世前半から津軽平野の拠点として機能していたことがうかがわれる。

このように、浪岡城は、立地・景観・出土遺物のいずれにつ

図 3-9　浪岡城（著者撮影）

いても、三宅御土居跡と共通する要素が見られることになる。唯一異なるのは、不整形な浪岡城の複郭構造と、方形に近い三宅御土居の平面形状である。しかしここで注目されるのが三宅御土居跡の北西堀の外側の郭の存在である。

すでに指摘されているように、遺跡の北西にはかつて藤ノ森と呼ばれる一角があり、現在の西土塁の北におかれる大元《おおもと》神社（三宅御土居の屋敷神）がそこにあったとされており、この部分も館の一部に含まれる意見がある。したがって、もしこの部分が益田館に含まれるのであれば、この館は不整形な複郭構造をもっていたことになり、この点でも浪岡城と対比できることになる。三宅御土居にみられる館の特徴は、日本海側に共通するものと言えるのだろうか。

なお、海岸部に近い中須西原遺跡からは、旧益田川に面して、一五世紀代を中心とした荷揚場と思われる石敷きと集落跡が見つかっている。周辺地区を含め、益田と三宅御土居の構造を見直す必要があろう。

ところで中世の本拠地が近世の本拠地と異なった場所にあり、それは海から少し入った場所になるという形は鳥取・米子・松江でも見られる。

▼因幡の館―山名豊氏―

山陰を代表する都市鳥取には、市街を見おろす東の久松山を利用して巨大な鳥取城が築かれている。この鳥取城は、天正九年（一五八一）の羽柴秀吉による開城の舞台として有名であり、現在の鳥取市の景観も、この鳥取城を中心とした城下町の風景によって特色付けられている。しかし、これはあくまで江戸時代以降の姿であって、それ以前の中世と呼ばれた時代には全く異なった鳥取がそこにあった。鳥取市街の西を流れる千代川《せんだいがわ》は暴れ川で、その周辺には安定した拠点をおくことが難しく、古代の中心も現在の市街から南東に離れた袋川の上流に置かれていた。中世前半においてもその状況は変わらなかったようであるが、南北朝期頃から拠点は千代川の河口近くの布施に置かれることになる。

▼布勢天神山城

布施は現在鳥取県立農業高等学校のおかれる天神山とその南の山王社を含む卯山《うやま》の丘陵が中心で、

図 3-10　湖山池（著者撮影）

すぐ西には千代川の河口とつながる湖山池という潟湖がひかえている。湖山池は千代川と湖山砂丘の発達により古代鳥取湾の入り口がふさがってできたものと言われているが、この地が生活の拠点として選ばれたのは中世が初めてではなく、桂見遺跡など、すでに縄文時代前期からの生活の痕跡が知られており、現在でも山王社の北の丘陵に位置する布勢古墳が目をひく。

中世に話を戻せば、山名氏による因幡支配の最初の拠点は、岩美町岩常の二上山にあったと言われる。二上山は但馬から因幡に入って最初の大型河川である蒲生川が、その支流である小田川と合流する谷を見下ろす位置に立つ。山陽道だけでなく、水上交通も意識した山名氏の特質がうかがわれよう。布勢天神山は、山名氏が因幡支配の拠点として選んだ次の場所であり、守護所として機能した期間は応仁頃（一四六六年？）から天文年間までのおよそ八〇年間と言われている。

布施に守護所を移したのは山名宗全の第三子とされる布施左衛門佐、山名勝豊と伝わっているが、『応仁記』には布施左衛門が山名相模守であった伯耆守護の山名教之とされているため、実態は一四五九～一四七九年に因幡守護に在任していた教之の子の七郎豊氏と推定されている。その後天神山は但馬山名氏との抗争でしばしば戦場になり、但馬山名氏の支配下となる時期を経て、最後は鳥取城武将の武田高信の離反により、永禄六年（一五六三）に守護所としての機能を失う。

『因幡民談記』所収の「布勢城図」や『因幡軍談紀』などによれば、布勢天神山城は、標高二五メートルの天神山と標高四〇メートルの卯山を囲む南北一キロ、東西五〇〇メートルの範囲におよび、全体を外堀で囲った後、天神山の周囲にはさらに南北四〇〇メートル、東西三〇〇メートルの内堀が築かれていたと言う。また天神山には天守閣が、卯山には九院の仏閣と城下町があったとされ、外堀は、地名により現在の農

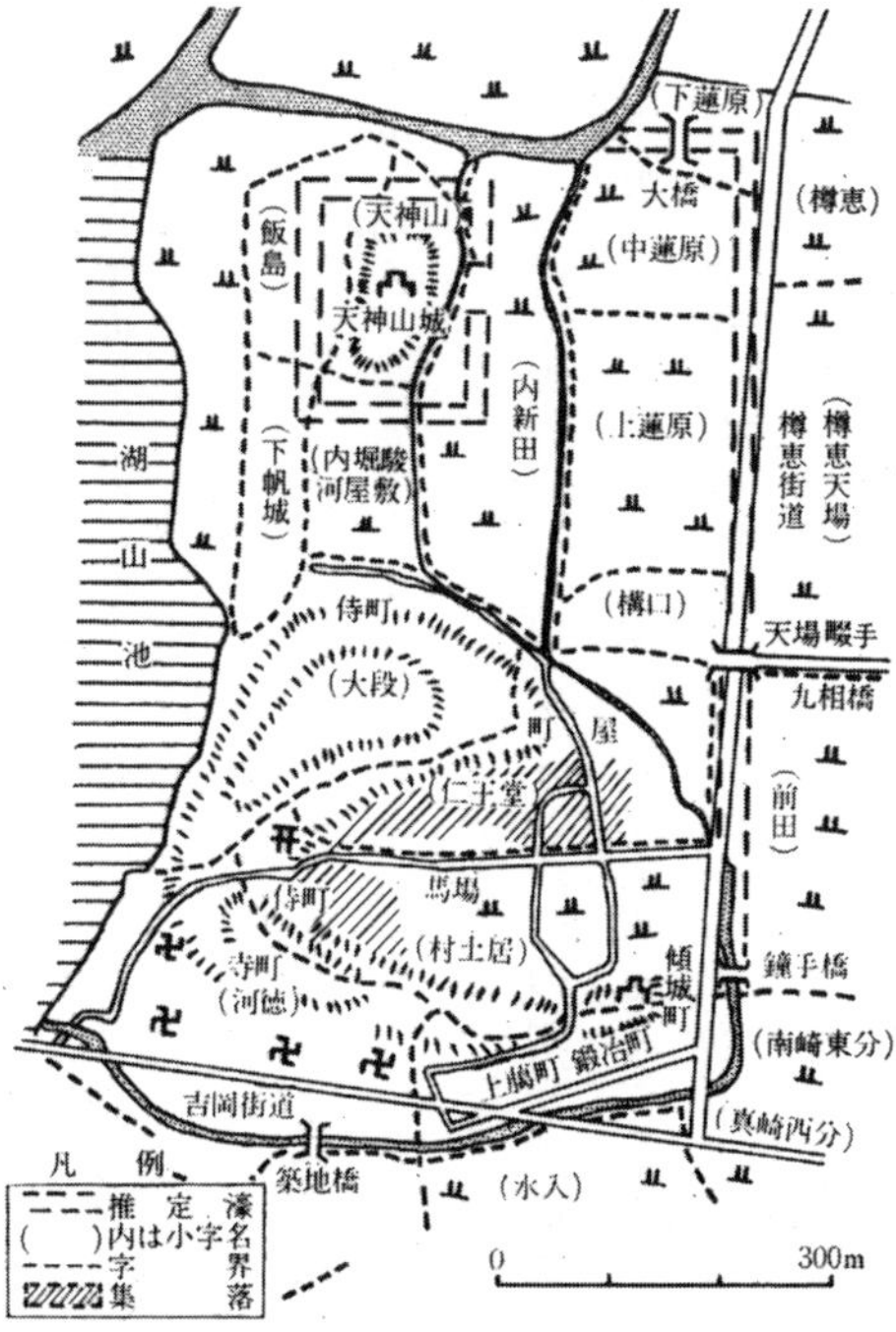

図 3-11　布勢城下推定復原図
（鳥取県　1973『鳥取県史』第２巻 中世）

業用水路からその痕跡を辿ることができると言う。城下には街路がはしり、外堀の南東隅にあたる卯山の南丘陵東端に上級武士の屋敷と町屋が立ち並び、山王の裏斜面にも侍屋敷が、谷々には寺院が配されたと言われる。

▼―卯　山

しかし中村保氏が指摘するようにこれらの記録は相違点が多く、とくに守護所とされる天神山より城下町がおかれた卯山の標高が高く平場も大きいなど、むしろ卯山を守護所とする見方もできる。なお遺跡の調査によれば、一六世紀前半の京都型土師器皿・備前窯擂鉢《すりばち》・中国製青磁碗などと土製の煮炊具がみられ、鍋・釜のいずれもが京都の製品に類似している。

これらの状況から提起される問題はいくつかあるが、ひとつは外堀から卯山にむかう水路に「舟入」の記載があるように、言うまでもなくこの館の成立が水上交通を前提としていたことである。おそらく千代川河口の賀露《かろ》湊《みなと》から入ってきた船は、この布勢の館を見上げる湖山池の岸に泊まり交易を行ったのであろう。

上野国山名郷（群馬県高崎市）を出自とする山名氏が因幡の拠点として選んだ場所は、古墳時代以来の遺跡の存在は認められるものの、古代官衙との関係の薄い水上交通の要衝で、選地の背景は耕地運営より交易だったとみることができる。これは石見の在庁官人を出自とする益田氏とは明らかに違った選地基準である。

しかし注意しなければならないのは、布勢の館や集落と賀露湊との関係である。益田でも見てきたが、中世前半の益田は、河口部の五福寺と内陸部の三宅とのふたつの中心から構成されていた。さらにその風景は、最近の調査によって中世後半の益田についても同様であったことがわかってきた。

前章で中世前期の都市景観を構成する「市」と「館」の関係を検討してきたが、ここの場合もマクロ的に見れば、河口部の賀露湊と内陸部の布勢城下との二元的な関係に整理することができることになる。さらに布勢城下の南方約一キロの丘陵上には同時期の墓地群があり、その場合は葬送地も含めた中世景観の全体復原も可能となっている。

承徳三年（一〇九九）に因幡国司となった平時範は播磨―美作―智頭を経て鳥取に入り賀露湊を訪れている。古代・中世の鳥取と畿内の関係は、姫路から智頭《ちず》を経由してつながる強い関係があり、それはある意味でむしろ北部九州経由より近い関係だった可能性もある。中世の鳥取は、京都にとって、日本海側におけるもうひとつの外港だったと言えるのではないだろうか。

同様な景観は、伯耆守護山名氏の拠点である倉吉でも見ることができる。

▼山名氏豊

久米郡のほぼ中央にあたる倉吉は、中世墓地群でも知られる長瀬高浜遺跡で有名な東郷池に隣接する天神川を遡り、伯耆国衙に通じる小鴨川との合流点を中心に展開する。山名氏関係の遺跡は、この合流点とその西側の南北を山にはさまれた倉吉市街の谷地形にある。

記録によれば、建武四年（一三三七）に伯耆守護に任ぜられた山名時氏は小鴨・天神川合流点の左岸丘陵に田内城を築き守護所も置いたとされるが、嫡男師義が倉吉市街を見下ろす南の打吹山に城を築き移動した後は、田内には、天文一三年（一五四四）の大洪水まで見日《みるか》千軒と呼ばれる市町が営まれていたと伝える。

現在、山名氏居館跡と推定される大岳院は、その打吹山を南に見上げる倉吉市東町に所在する。『伯耆民談記』によれば、天正頃（一五七三〜一五九二）に山名氏豊がおいた方四〇間の館で、南には津山往来が走り、北は玉川、西に桜川が流れる。周りを藪と切岸でかためた要害だったと伝える。

倉吉市教育委員会の調査により下層の面から焼土層と一四棟以上の掘立柱建物跡がみつかり、その中には張り出しをもつ建物もみられた。同時に出土した陶磁器はおおむね一五世紀代に比定され、中国製の青磁碗・稜花皿、白磁皿、染め付け皿、天目茶碗、朝鮮製青磁碗などバラエティに富み、その構成は一般の集落に伴うものとは考えにくい。山名氏豊の時期とはあわないが、明徳三年（一三九二）以降は、山名氏之が倉吉に在城し伯耆を管領したと伝えられているため、打吹山城に対する麓の山名氏居館跡とも考えられている。

図 3-12　打吹山（著者撮影）

したがって伯耆の山名氏の拠点についても、河口に重要な湊をもつ河川を遡った支流との合流点に近い位置にあって、山上の城と麓の館および川沿いの町を骨格とし、少し離れた河川の合流点に市町をもつという構造を読み取ることができる。これは前項の賀露湊と布勢城下の関係に対応し、灌漑による耕地経営の要素を除けば、五福寺と益田館の関係とも極めて共通した構造である。

▼湊と館

このように西日本海沿岸地域の地域拠点を見てくると、館そのものの造営については、平安時代にさかのぼる荘園経営を基本に持っていた益田氏と、東国武士を出自とする山名氏とでは異なる思想があったが、河口部まで含めて視野を広げれば、そこには「湊」と「館」という共通する要素のあったことがわかる。

その点で想起されるのが、戦国期城下町を代表する福井県一乗谷朝倉氏遺跡の構造である。よく知られているように、遺跡の中心部は上下の城戸に囲まれた空間に、朝倉館を核として武家屋敷、町屋、寺院などが展開している。しかし視野を広げれば、一乗谷川と足羽《あすわ》川の合流点に近い下城戸の外（安波賀）には市がたてられ、さらに足羽川の河口は有名な三国湊である。一乗谷朝倉氏遺跡の構造もまた、石見や因幡や伯耆の拠点の構造と同様に見ることができるのである。

そしてこの時に注意しなければならないのが、同時期の京都である。拙書『中世京都の軌跡』で論じたように、戦国期の洛中洛外図と発掘調査で明らかにされた上京の姿は、一乗谷朝倉氏遺跡の構造と対比され、鴨川を下った先の桂川・宇治川・木津川の合流地点には、中世を通じて京の外港の役を担った淀があった。

西日本海沿岸地域における中世後期の拠点都市は、それぞれの盟主の異なった歴史的背景を前提としながらも、海上交通に有利な立地を選び、さらに同時期の京都を意識して成立したと考えられるのである。

なおこれらの拠点都市は、戦国期から近世にかけて、因幡では布施から鳥取へ、出雲では富田から松江へ、伯耆では会見郡から汗入郡への交通路にあった尾高城から米子城へと移動している。これらの移動は、萩に代表されるような「海の城」への明確な意思表示であるが、それは京都上京から伏見や大坂へ拠点を移動しようとした秀吉の意図と共通する要素でもある。

図 3-13　萩城跡（著者撮影）

ところで、このような京都との関係の強い拠点都市群に対して、それらと全く異なった景観を持っていた地域拠点が、やはり日本海沿いに広く分布していた。

一五世紀後半に近江の京極氏を出自とする尼子氏が、出雲の守護となって経営した富田《とだ》城は、飯梨川によってひらかれた広大な安来平野を押さえる位置にある。その源流は富田の地域拠点としての成立が平家没官領《もっかんりょう》であった鎌倉時代初期に遡り、その風景は耕地経営を一義的とした選地の意味で益田の三宅御土居と共通する。

ただし富田城の構造は、神奈備形の月山を見上げる稜線上に連続して郭を配置するものであり、その姿は三宅御土居や布勢天神山城とは明確に異なり、北海道上ノ国町の勝山館や福島県会津美里町の向羽黒山城さらに新潟県春日山城との関係もうかがわれ、そして滋賀県多賀町の敏満寺遺跡の景観と強く類似するのである。

二　城塞都市敏満寺遺跡の出現

敏満寺《びんまんじ》遺跡は、関ヶ原に近い滋賀県犬上郡多賀町に所在し、現在その北半部は名神高速道路多賀サービスエリアの中に残る。

遺跡の名称となっている敏満寺は、青竜山の西南麓に位置する現在の胡宮神社を中心に展開していたと推定され、伝説では聖徳太子・慈証上人・敏達天皇と、伊吹山三修上人のひとりである敏満童子などを開基とする。

敏満寺の周辺は、天平勝宝三年（七五一）の「近江国水沼村墾田地図」（東大寺文書）などから、古代以来開発の進んでいた地域として知られていたが、敏満寺として最初に登場する記録は天治二年（一一二五）であり、同寺が平等院を介して園城寺の支配下に入り、「東限山路、南限鳶辻越、西限鳥居下相木大道、北限寺登路」が寺域だったと伝わる。

そしてこの時期から間もない建久九年（一一九八）には、俊乗房重源が仏舎利を入れた銅製の三

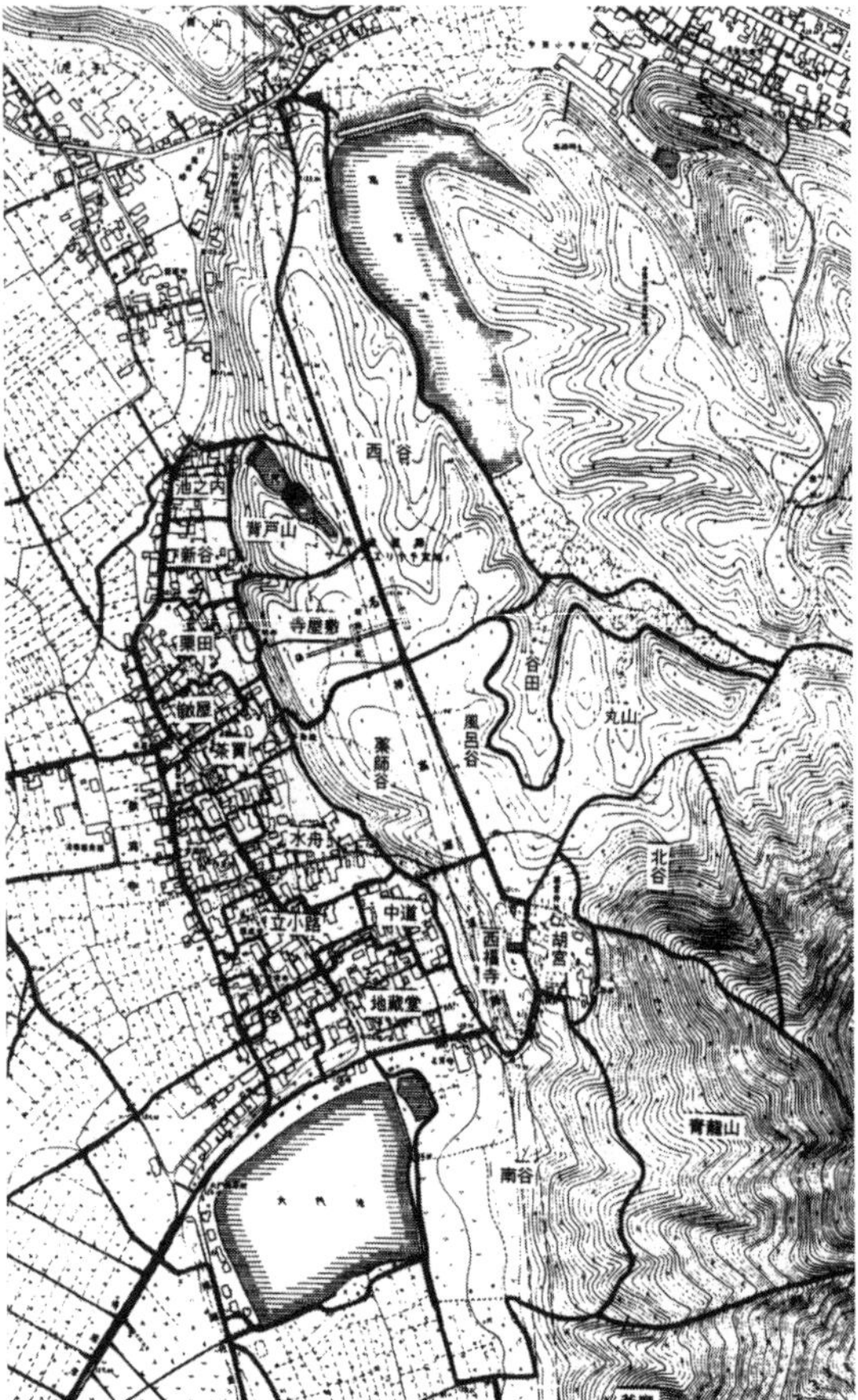

図 3-14　敏満寺の地形と字名
(滋賀県教育委員会・滋賀県文化財保護協会　1988『敏満寺遺跡発掘調査報告書』)

角五輪塔を当寺へ寄進したことが知られ、中世においては、とくに湖東の交通の要衝として、北陸および東国へ対する拠点であった可能性がある。

その後延慶二年（一三〇九）の太政官牒によれば、堂舎四〇に加え、宝塔が数カ所あったとされ、元徳二年（一三三〇）の記録には新熊野十二所と並び白山権現天満天神などの社名が並ぶ。また室町時代以降は幕府とのつながりが強く、尊氏・直義・義持・管領などの書状をもち、文和二年（一三五三）には後光厳天皇の宿所にもされている。しかし永禄三年（一五六〇）には浅井長政に攻められ、学頭以下八〇〇人が戦死、元亀三年（一五七二）に織田信長と戦い廃寺となり現在にいたっている。

▼―これまでの調査成果

敏満寺遺跡群では、すでに昭和三四年から四回にのぼる発掘調査がおこなわれ、多くの成果があげられている。

昭和三四年の調査では、一部に土塁を伴う礎石建物が二棟と現在高速道路の下に残されている推定門跡が見つかっている。この調査で出土した主な遺物は、一四世紀代の土師器皿、一五世紀を中心とした常滑窯系の甕、一四〜一五世紀の東海系擂鉢《すりばち》、一五世紀代の火鉢、瓦器釜・鍋および奈良時

図 3-15　多賀サービスエリア内の敏満寺跡
（著者撮影）

代の須恵器と平安時代の灰釉陶器《かいゆうとうき》、一三世紀の瓦器《がき》碗と常滑窯系三筋壺《さんきんこ》もみられた。第四地点の土師器皿は一四世紀代を中心とするが、それ以外は一五世紀以降が中心となっている。昭和五七年の調査では、名神高速道路の東側で谷部を中心として、平安時代の須恵器と室町時代の天目茶碗などが見つかっている。

昭和六一年の調査は、サービスエリア上り線の工事にともない約三〇〇〇平方メートルでおこなわれた。調査区の一部から一三世紀代の常滑窯系の甕が出土しているが、大半は一六世紀代の遺物で、土師器皿、陶器擂鉢、中国製染め付け、石臼、茶臼、刀、釘などである。その一角は石組の井戸と礎石建物および最大高五メートルの土塁がみつかり、現在、サービスエリアの一角に、その遺構が残されている。

平成六～一二年度には、下り線のサービスエリアを囲む形で一八〇〇〇平方メートルにおよぶ調査がおこなわれた。検出された遺構は、Ⅰ期が飛鳥・奈良時代が炭窯、平安時代が掘立柱建物、Ⅱ期が一五カ所にのぼる溝などで形成された区画平坦面と掘立柱建物、土坑、埋甕および水溜施設などである。またこれらをつなぐ道も確認されている。

出土した遺物は、土師器皿（一四世紀後半から一五世紀はじめ）、常滑窯系甕、信楽窯系甕、信楽および瀬戸美濃窯系擂鉢、瀬戸美濃窯系の天目茶碗・平碗・皿、砥石、石臼、茶臼、中国製青磁・白磁などであり、中心の時期は一五世紀後半から一六世紀代と考えられる。

これらの調査結果をまとめると、平安時代以降で遺構が形成された時期は一〇世紀に遡り、一部で一三世紀代と一四世紀代の資料もみられる。しかしこのうち、昭和三四年度の調査で見つかった資料は骨蔵器としての利用が多い三筋壺であり、昭和六一年度の調査で見つかった資料も単独での出土であるため同様な可能性がある。したがってこれらの状況をふまえれば、青竜山北側丘陵の開発は一五世紀以降であり、その中心的な時期は一六世紀代であっただろう。

現在胡宮神社からサービスエリアへつながる通路の途中に、おそらく同時期の郭跡と思われる遺構が残されており、平成六～一二年度の調査では、根来寺跡などでみつかっているような甕類の埋設遺構も発見されている。これらの時期は、おそらく室町時代後半であり、この時期の敏満寺は、防御的な機能も持ちながら、屋敷地も立ち並ぶ城塞都市であったと考えられる。

ただし重源の三角五輪塔からわかるように、敏満寺遺跡の中世は鎌倉時代に遡る。敏満寺遺跡の鎌倉時代はどこにあり、室町時代後半の城塞都市的な風景はどこから生まれたのだろうか。その手がかりとして、新たに注目されているのが、丘陵の南西で見つかった石仏谷墓地群である。そこでは丘陵上と対照的に、鎌倉時代の陶磁器が出土し、一〇〇〇基にのぼる多数の墓と雛壇型の平坦面が並んでいた。石仏谷墓地群の詳細な景観復原をする中で、この問題を考えてみたい。

▼―石仏谷墓地群の存続期間と変遷

石仏谷墓地群からみつかった陶磁器は一二〜一六世紀まで連続して見られる。しかし定量分析によれば、その変化は一定ではなく、量と内容にいくつかの転換期のあったことがわかる。

石仏谷墓地群で最も古い時期の遺物は、分布調査でみつかった中国製白磁壺である。分布調査で発見されたため、元あった位置は不明だが、この遺跡が斜面地の墓地群であるため、長期間使われた後に廃棄されて見つかったとは考えにくい。従って、この墓地群の成立は、この白磁の時期である一二世紀後半以降に比定される。

一方最も新しい時期の遺物は、肥前系磁器染付である。また、現存する石製品には明らかに近世以降に造営されたものも見られる。そのため、なんらかの形で本調査区が江戸時代以降も存続したことは否めない。しかし、遺物の定量分析によれば、ピークの時期は一五世紀までであり、一六世紀にはその前代に機能していたような空間は無かったと考えて良いだろう。従ってこの遺跡では、一二世紀後半を開始時期とした機能が終了する時期は一五世紀となる。

▼―石仏谷墓地群の範囲

図3-16　石仏谷墓地群
(多賀町教育委員会・著者撮影)

この墓地群から見つかった遺構は、約一〇〇〇基にのぼる墓と、その下段に設けられた複数の平坦面である。しかし発見される遺跡はその最終景観であるため、各種調査で得られた遺跡情報は、適切に時代毎に分解され、再構成される必要がある。その時に様々な遺跡情報を関連づける手がかりとなるのが遺跡の詳細地形である。

マクロ的に見れば、この墓地群は名神高速道路多賀サービスエリアを北西に見下ろす青竜山の山麓に近い西側斜面のやや北に位置する。多賀の集落が立地する平野部に接するその最下段は、名神高速道路で削平されて存在しないが、その真

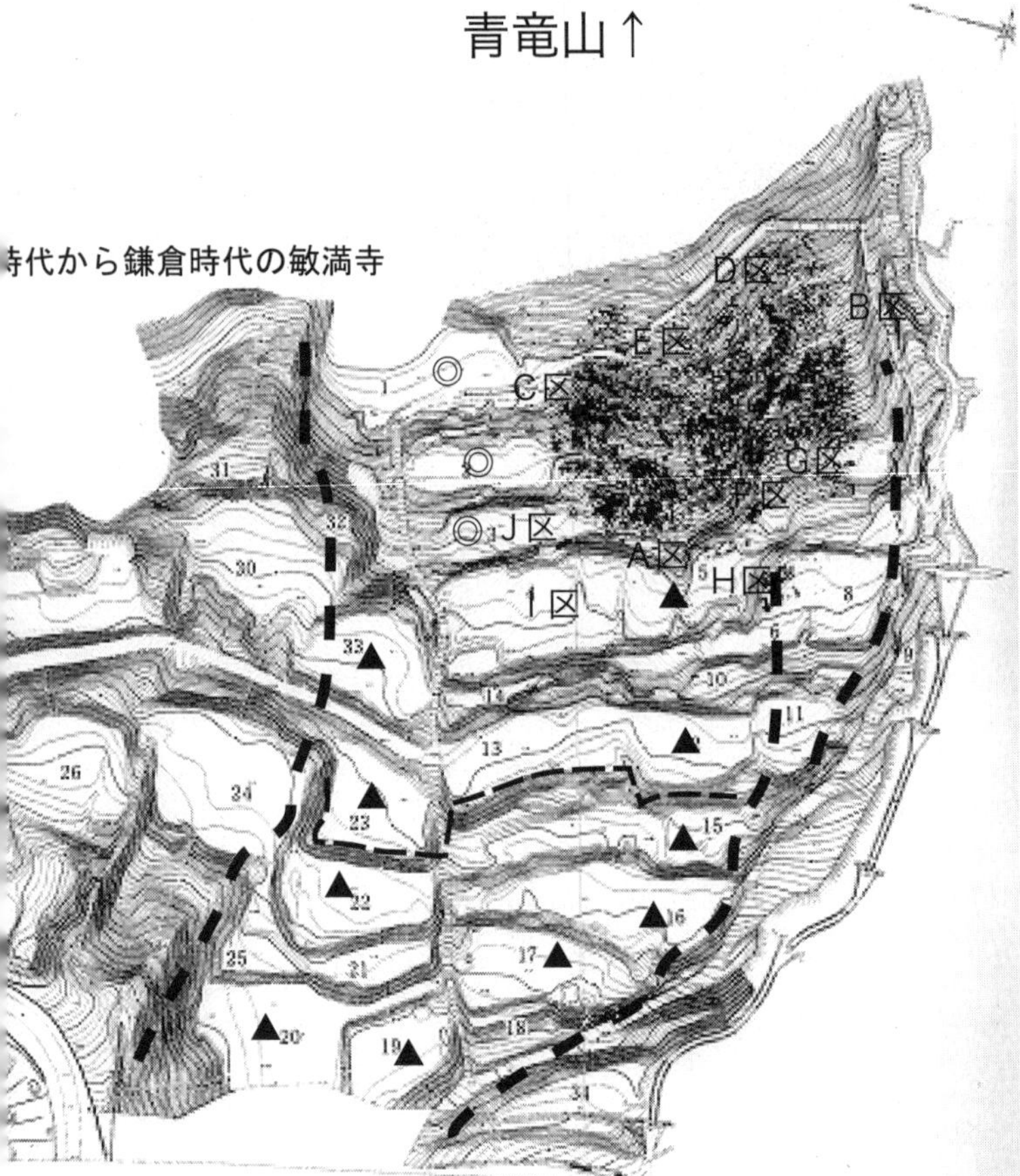
青竜山↑
時代から鎌倉時代の敏満寺
D区
B区
E区
C区
G区
F区
J区
A区
H区
I区
門跡
大門池↓
0
50m

図 3-17　石仏谷墓地群の景観復原

西に大門池が見える点は注目される。

一方青竜山から派生する稜線のうちで最も広い平坦面を獲得できる地区が、現在の多賀サービスエリアの乗る北尾根である。胡宮神社はこの尾根の最奥部にあたる青竜山の山麓に鎮座しており、その意味で北尾根が機能していた時には、その核となる施設を置く際に最もふさわしい場所であったと言える。

これに対して石仏谷墓地群を中心とする地区は、胡宮神社のおかれた平坦面から小規模な谷によって隔てられた南の隣接地にあたる。青竜山西側山麓には、小規模な沢によって区切られた複数の緩斜面が見られるが、大門池との関係をふまえれば、墓地群の周辺も胡宮神社の平坦面に劣らない重要な場所であったと言える。

石仏谷墓地群の範囲は、現時点では南が石塔群の分布がとぎれる沢、東がやはり石塔群の分布がとぎれ、青竜山の傾斜が急になるあたり、西が名神高速道路、北が胡宮神社との間を区切る谷、とされている。このうち、南と北の範囲については、石塔の分布と平坦面の配置によって合理性が認められる。しかし大門池との関わりをふまえれば、西については大門池までを有意の範囲に含める必要があるだろうし、東についても青竜山との関係を考慮すれば、当墓地群の斜面をそのまま登り、傾斜度の変更する地点に岩盤の露出している場所があり、この岩盤も当遺跡の範囲を示すと見るべきであろう。

▼――石仏谷墓地群の地形を読む

このように当遺跡に対する広義の範囲を推定することができるならば、墓地群とその周辺の詳細地形はどのように見直すことができるのであろうか。説明すべき問題は多い。例えば石塔に代表される墓地群の分布についてみれば、A区とF区は全く異なった立地にあるが、それは何を示すのか。また、墓地群の下段に雛壇状の平坦面が分布するが、それらはそれぞれどのような意味があったのか。さらに墓地群の北で胡宮神社との間にみられる平坦面は、墓地群の下段の平坦面と同じ性格のものなのか。

これらを説明するために、最初に平坦面の分布の意味から考えていきたい。地形測量図を見て、すぐに気がつくのは、平坦面の配置に対する二点の見方である。

第一の見方は、A区をほぼ中心として西に向いた凸型で左右対称の形態をとる平坦面の配置である。その場合の左右の範囲は、南が沢で北は調査区北の谷の手前を区切る現在の山道となる。この平坦面の形は、段を下降するにしたがい南側の区画が面積を減じていくものの、おおむねそれに近い詳細地形をみることができる。

そしてこの場合、墓地群と平坦面との関係は、A区がその中心となって、本来その左右に平坦面があったが、南（右）側の平坦面が廃棄されることで墓地に転化して地形も変形したといった説明が可能となる。また本墓地群北側の谷部でみられる平坦面は、本遺跡と関係の薄いものとなる。

第二の見方は、遺跡の北の境界を北の谷の平坦面の一部まで広げる見方である。この場合、平坦面の配置は調査区北の山道からA区までの方画区域と、その左右両周辺区域の二つのゾーンに分けられ、それらによって雛壇型の平坦面群のおおむね全てがとりこまれることになる。

そしてこの場合、墓地群と平坦面との関係は、A区が本来の墓地域で、その南の石塔（墓地）はそれと異なった規範によって形成されたことになり、北の谷の平坦面は本遺跡を構成する要素となる。さらに調査区北の山道も同様な意味を帯びてくる。

どちらの見方が合理的にこの遺跡を説明できるのだろうか。ポイントは調査区北の谷にある。一見すると、確かにそれらは墓地群下段の平坦面に比べて不整形であり、共存を推定し難い。しかしその最下段をみると、両者の平坦面を連続する区画線があり、また本遺跡の乗る緩斜面の地形（南東から北西を軸として緩やかに下降）を考慮すれば、北の谷の平坦面と南の沢際の平坦面の形状に関連性があるとも言える。したがって、北の谷の平坦面は、本遺跡を構成する要素の可能性が高いものと考え、その点において、第二の見方が本遺跡の合理的な説明にふさわしいものと言える。

▼坊舎と墓の位置と関係

つまり本遺跡の原景観としての寺院は、調査区北の山道を降り、また地形にしたがって調査区南の沢沿いに北西に青竜山を降りたあたりに山門が築かれたものと推定され、その位置は現在名神高速道路の下で「門跡」と推定されている場所の近接地にあたるものと考えられる。また境内の中心軸は、その西の延長上に大門池があることによって調査区北の山道であると考えられ、中核となった坊舎は地形に従い、その右側（南）に設けられたことになる。南北に細長い平坦面を敷地とした坊舎は、北を入口としてその最も奥まった南側にやや広い空間を配し、堂宇が建てられていたのだろう。

なおA区の二段下の平坦面はほかと比べて幅が狭いが、それはここが調査区北の山道からさらに奥へ登る時の横断通路だったことを示すものと考えられ、墓地とはこの道を通り、つながっていたのではないだろうか。

こういった景観を前提とした場合、本来この寺院が設けた墓地はA区とその山側であり、その北側にみられる三段の平坦面を、墓地に関わる儀式などをおこなった区画とみることができれば、A区の規模でC区の谷側とE区の高さが、それぞれ北の平坦面に対応する中核的な墓地であったものと推測できる。

また本遺跡周辺の地形の傾斜に注目すれば、C・E区の山側は傾斜が急であり谷側は緩やかになっている。その場合、結界石とされている岩がそれぞれ最上段と最下段の墓地の領域を示していることになり、やはりこの推定と符合する。

一方これに対してG区およびその南に分布する石塔と墓地については、本来の墓地とは別の空間であり、A区に象徴されるような墓の被葬者集団とは別のラインに属した集団に関わるものと見るべきだろう。他の地区では東海の陶磁器が一般的であることに対し、G区からは東播系捏鉢《こねばち》や石鍋など京都以西の製品が出土している。G区の性格を説明する手がかりと言える。

ところで東海の中世墓を代表する遺跡として知られているのが、静岡県磐田市に所在する一の谷墳墓群である。磐田市は、古代には遠江国府が置かれ、鎌倉時代には一遍も立ち寄った東海を代表する中世都市見付《みつけ》として史料に登場する。一の谷墳墓群は、この見付を見下ろす北西の丘陵上に位置し、一九六三年の骨蔵器発見以来、墳丘墓・土壙墓・集石墓から構成される鎌倉時代から室町時代にかけての三千基余の墓が発見されている。

この巨大な墓地の性格を整理したのは石井進氏で、見付を意識した「都市の墓」としての視点から、墳丘墓は見付の支配者層であった在庁官人や守護北条氏の従者たちの墓で、集石墓は、後に発展を遂げた見付の町の担い手たちの墓だという考えを示し、調査を担当した山村宏氏は、墳丘墓の墓域が集石墓になった数代後まで継承され続けたことから、その「族的血縁関係者による」強い伝統性に注目している。

敏満寺を前提とする石仏谷墓地群と、見付を前提とする一の谷墳墓群を直接比較することは難しいが、A・C・E区の性格を、一の谷墳墓群の墳丘墓と照らし合わせて考えることができるかもしれない。

なお水野正好氏は、一の谷墳墓群の東南に一二世紀後半に平重盛を檀那とする光堂山蓮光寺が創立し、その時期が一の谷墳墓群の成立時期と近いことから、両者が深い関係にあった可能性を指摘している。

▼鎌倉時代の山岳寺院

これまで見てきたように、石仏谷墓地群の全体景観は、遅くとも一三世紀後半頃、青竜山と大門

図 3-18　大門池（著者撮影）

池を強く意識した占地を前提に、雛壇型の平坦面に築かれた坊舎群とその最上段に設けられた墓地域によって復原される可能性がある。それではこのような風景は同時代の他遺跡とどのような関係になるのだろうか。

その点についてすぐに想起されるのは、福井県勝山市の平泉《へいせん》寺《じ》に代表される中世後半の城塞化した山岳寺院である。また中井均氏によっても、百済寺など同様な遺跡が北近江に多くみられることが指摘されている。とくに弥《や》高《たか》寺《じ》跡の本坊跡周辺の詳細地形と石塔群の関係や京極氏館跡の御廟所周辺の景観は、本遺跡の景観と類似している点が多い。しかるに問題はこれらの遺跡がいずれも一五世紀以降を中心とした時期に形成されていることである。

これに対して石仏谷墓地群は、一五世紀代の資料も存在するが、中心的な時期は一三・一四世紀代であり、特にA区の墓は、出土遺物から一四世紀以前の造営が確実である。それでは本遺跡は一三世紀または一四世紀に遡る山岳寺院型の景観となるのであろうか。

参考となる遺跡が、鹿児島県金峰町（現・南さつま市）に所在する観音寺とその周辺の遺跡群で

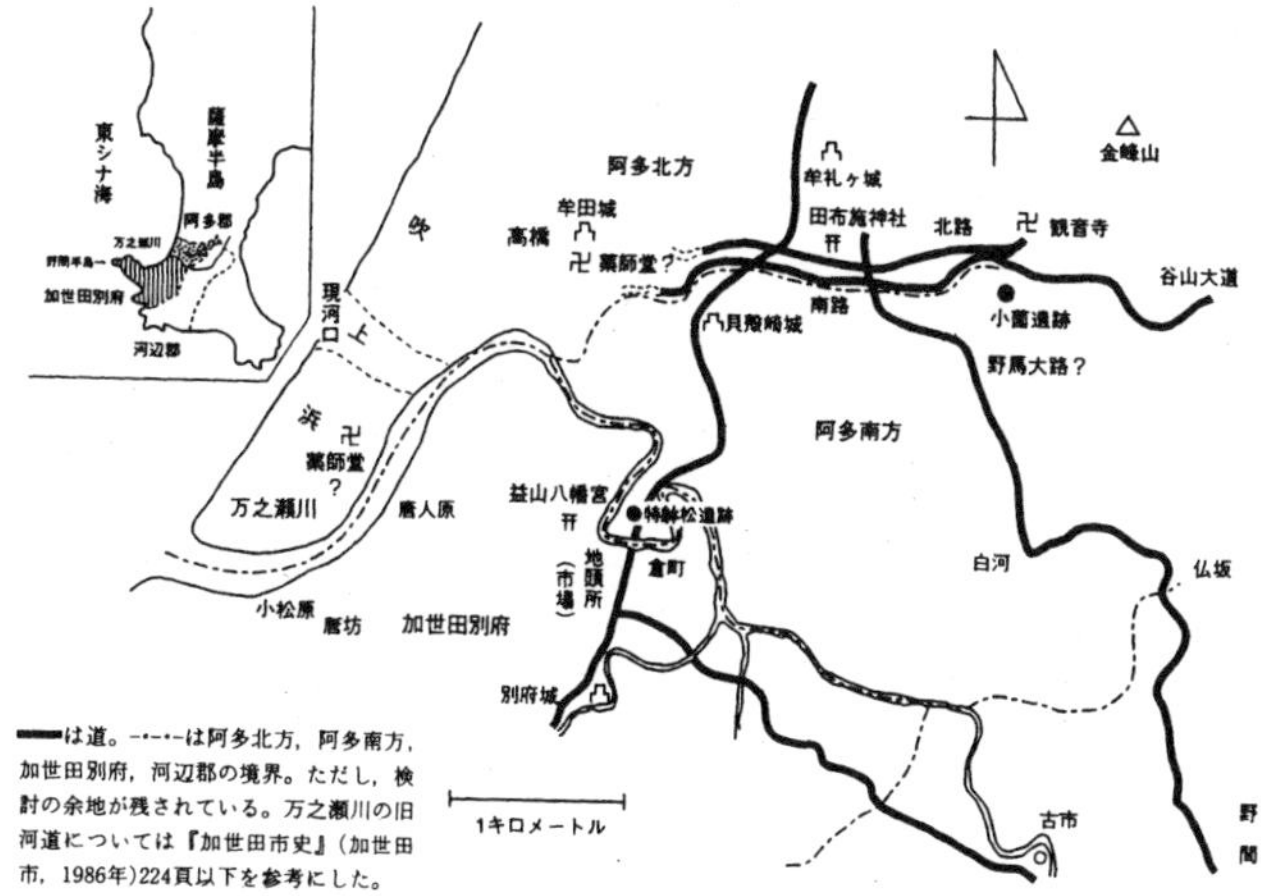

図 3-19　中世前期の万之瀬川下流地域
（柳原敏昭　1999「中世前期南九州の港と宋人居留地に関する一試論」『日本史研究』448）

ある。宮下貴浩氏の研究によれば、金峰山信仰の拠点寺院として大きな勢力を誇っていたのが登拝口に所在する観音寺であるが、観音寺が記録に登場するのは保延四年（一一三八）の記事で、比叡山末として南北朝期は南朝方の拠点となり、嘉吉三年（一四四三）には島津忠国によって田布施一手ケ原に移され衰退する。したがって文献史料上では一二世紀から一五世紀初めがこの寺院の時代となっている。

一方踏査の成果を見れば、まず狭義の観音寺中心部にあたる現在の日枝神社《ひえじんじゃ》周辺は、尾根上を利用して、道の要所となるコーナーや突き当たりなどの目立つ場所に大きな石を配し、また坊舎群は石垣で整備している。地形は、金峰山から西へ延びる丘陵の平坦面を利用したもので、

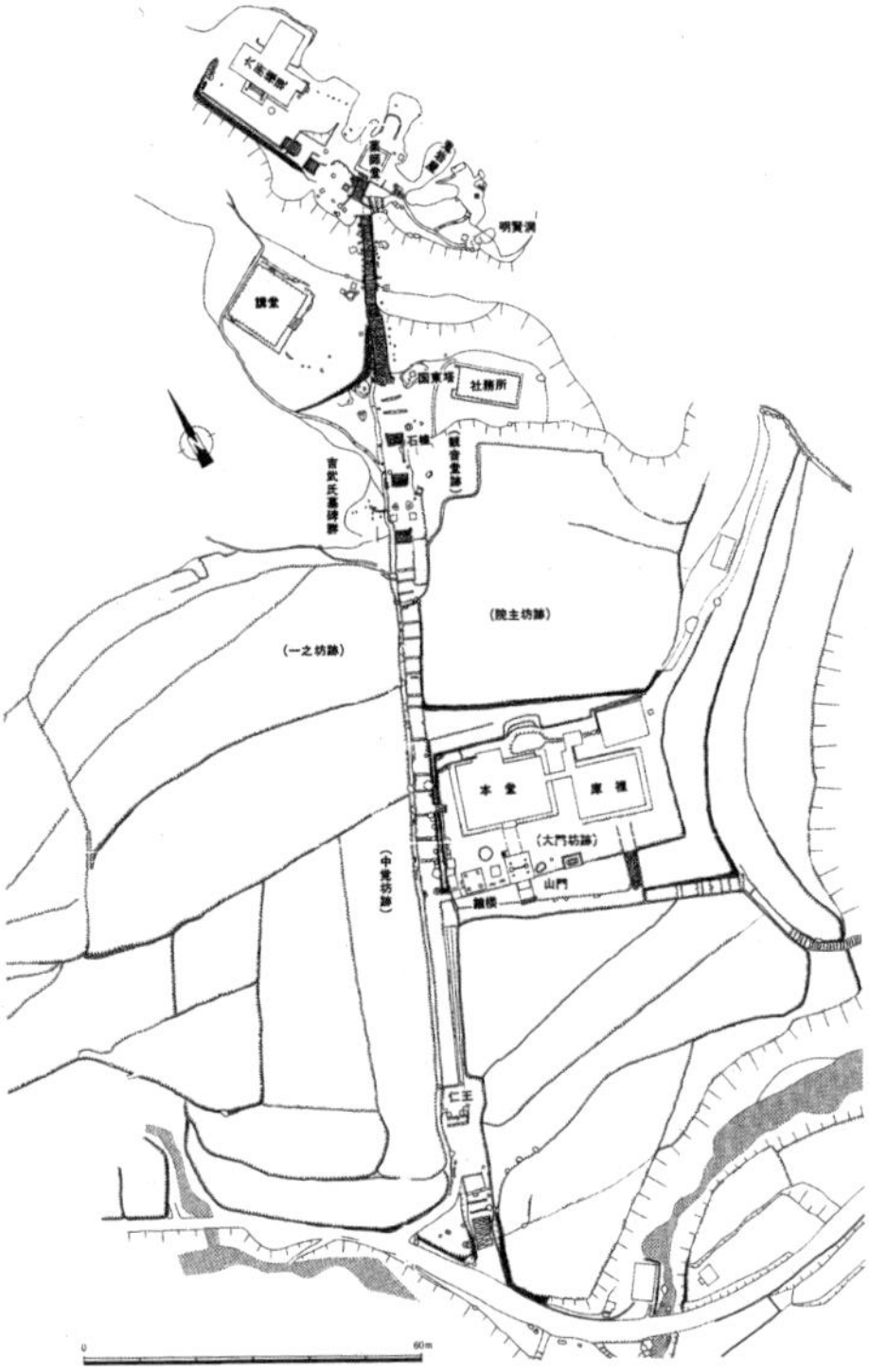

図 3-20　石立山岩戸寺周辺の地形測量図
(『六郷山寺院遺構確認調査報告書』Ⅳ　1996　大分県立宇佐風土記の丘歴史民俗資料館)

規模は南北約四五〇メートル、東西約八〇〜二五〇メートルとなり、この平坦面の両側は谷となっている。参道はこの丘陵平坦面の北側からほぼ中央部にかけてのび、境内に向かっている。またこの場所は「観音寺原」「唐船塚」といった字名が残り、観音寺が果たしていた役割を示唆している。

本遺跡群と類似した景観を持つもので、その麓に流れる万之瀬川を含めて中世の宗教都市と言って良い事例と考える。

また大分県国東《くにさき》に所在する六郷満山《ろくごうまんさん》の寺院にも同様の風景をみることができる。六郷満山とは、国東六郷の地に平安時代から中世を通じて営まれてきた山岳仏教の寺院とその衆徒を中心とした仏教文化圏の総称と言われている。出土遺物により、奈良時代末から平安時代初期に開山があり、一二世紀以降は比叡山無動寺の末寺となって、天台宗系寺院として発展していったことがわかっている。

このうち石立山岩戸寺の空間構造を見れば、山の斜面中央に等高線と直交して登る直線の参道が設けられ、その両側に雛壇型の平坦面が造営されている。参道を登りつめた先には岩屋と鎮守の六所権現がおかれ、下へ向かって講堂、本堂、庫裡が参道脇に配置される。また伝承によれば、本堂と庫裡は「大門坊跡」とされ、参道を挟んだ西側に「中覚坊跡」が、上段に「院主坊跡」「一之坊跡」などが並び、やはり雛壇型に坊舎が造営されていたことが推定される。

▼―雛壇型配置景観の成立

さらに京都府宮津市に所在する成相寺も同様な例として知られる。成相寺は宮津市府中地区を見おろす成相山《なりあいさん》の山腹に立地する。寺伝によれば、慶雲元年（七〇四）の開山で、文武天皇の勅願所と伝える。通称仙台の地にあって、阿弥陀堂・薬師堂・五重塔・三重塔など多くの堂宇を備えたが、応永七年（一四〇〇）に土砂崩れを受け倒壊、成吉越中守の一族により応永二九年までに現在の場所に移ったとされる。

文献では『梁塵秘抄』、『今昔物語』、『お伽草子』などに登場し、絵画資料は『募帰絵詞』、『天橋立図』、『成相寺古図』（室町時代）、『八字文殊曼陀羅図』（鎌倉時代初期）などがあり、すでに平安時代終わりから修験道の霊地としてひろく知られていたことがわかる。

確認されている遺跡は、現在の成相寺から山腹を北北東へ横断して登った位置で、成相山の山頂から東へのびた尾根が扇形に先端を分岐させた中央の谷緩斜面の平坦面（旧成相寺伽藍跡推定地）および、この地区をかこむ東西の尾根先端と背後の斜面からみつかった古墓群である。

図 3-21　成相寺山麓から天橋立を望む（著者撮影）

これらの資料が示す年代から、この場所は一〇～一一世紀を中心として八または九世紀から一四世紀代まで連続して利用され、その後一旦途切れるが一六世紀後半に再び利用されたことを示している。中世後半には下がり得ない寺院遺跡である。

これまで、城塞機能が加わったいわゆる雛壇型の山岳寺院遺跡は、戦国時代の特徴として捉えられることが多かった。しかしこれまで見てきた状況は、その出現が南北朝期あるいは鎌倉時代後半に遡ることを示している。

石仏谷墓地群の場合も、発見されている遺物の年代から類推すれば、これらの事例と同様に考えることができるものであり、現在見られる最終景観には、室町時代の整備が加わっている可能性もあるが、その最初の築造は一三世紀に遡ると考えて良いと思われる。

このようにして、敏満寺遺跡石仏谷墓地群で発見された遺物と遺跡の様子をまとめると、この遺跡は、一二世紀後半頃最初に築造された敏満寺の坊舎と墓地を原型とし、その後一三世紀後半に大規模な造成によって整備され、寺院の変遷にしたがって拡張を続け、おそらく一五世紀まで続いて営まれたものと見ることができよう。

▼――宗教都市から城塞都市へ

青竜山の西斜面に位置する敏満寺石仏谷墓地群は、一二世紀後半から一五世紀代まで営まれた初期の敏満寺の原型であったと考えられる。したがってそこは、重源が拠点とした敏満寺の最初の場所だった可能性がある。一方青竜山の北丘陵に残された遺構群は一五・一六世紀代を中心とする遺跡だった。中世の敏満寺は大きくその前半と後半で場所を移動したのである。

これは敏満寺の歴史にとってどのような意味をもつのであろうか。大きく平安時代末から南北朝期と室町時代に分けて、敏満寺遺跡群の構造と景観を説明してみたい。

マクロ的にみれば、犬上川を水源とする大門池の灌漑システムを前提とした時、この地域の農耕的な再生産原理の中心地が琵琶湖に面した一帯であったことは否定できない。

すでに多くの先学が示すように、この地は古代において絵図に描かれた東大寺領水沼荘であり、その痕跡が大門池と周辺の条里から復原されている。したがって、この地に形成された集落も、当然この荘園に関わる形で存在することになり、荘家とそれをとりまく小村散居型の集落が、青竜山を見上げるその西方平坦面に展開していた。

図 3-22　青竜山の磐座（著者撮影）

敏満寺の起源については不明の点が多いが、石仏谷墓地群の斜面を登った大門池を見下ろす位置に、岩盤の露出している部分があり、後代の磐座《いわくら》信仰の存在を考慮すれば、当初はこの磐座を護る形で本寺が開かれた可能性もある。

　そもそも東大寺がこの地に荘園をおいた訳が、この磐座にあるのか、あるいは北陸・東山道への交通の要衝としての意味を重視したのか（東大寺領の荘園が北陸に多いことを前提とすれば、おそらく後者が大きな因子になっていたものと思われるが）はわからないが、その時に整備された谷池型の溜池を活用する形で成立した荘園を前提として、結果的にその精神的な紐帯として青竜山の山麓に開かれたのが敏満寺ではなかったかと考える。

　平安時代後期には、そこを重源が北陸勧進の拠点としているため、すでにある程度の伽藍をもった寺院だったと推測できる。またこの時期においても敏満寺をめぐる再生産の環境に変化があったとは考えられないため、やはりその中心は青竜山の西麓にあったと見て良いだろう。

　また平安時代以降の墓が西向きを意識している事例の多いことは、すでに宇野隆夫氏も指摘している。ゆえに、青竜山の西麓に敏満寺があり、そこで墓地を設けた場合、やはり今回の調査地周辺がそれにふさわしい場所であったと見てよいだろう。

▼重源が訪れた敏満寺を探る

しかし問題はこのときの敏満寺と現在の石仏谷墓地群との直接の関係である。現時点でこの時の正確な敏満寺の景観を復原することは困難であり、さらに今回の調査によって明らかにされた墓地群直下の複数の平坦面が、その時のものであった可能性も低いと言わざるをえない。

その理由は、発掘調査で明らかとなったA区の墓地の成立が、一三世紀代に比定されるからである。石仏谷墓地群にかかる今回の分布調査と発掘調査の結果をもとに考えると、出土した遺物の年代において、平安時代に遡る資料もあるが、それらは主体的ではなく、むしろ中心となる時期の遺物は一三世紀後半から一四世紀にかけてであるため、平安時代の敏満寺に対して最も関係の深い位置にある今回の調査地点ではあるが、これらの遺構群が必ずしもそれを直接示しているとは言えないのである。

とは言え、この墓地群における一二世紀後半の特に中国陶磁器の需要をみれば、石仏谷墓地群の隣接地に同時期の坊舎が築かれていた可能性は高く、さらに遺物の年代から推測できる本遺跡の成立は、最も古い時期の資料を基準とするならば、一二世紀後半となるため、遺構はともかく俊乗房重源が東大寺の勧進を行うために滞在した敏満寺の場所は、まさにこの石仏谷墓地群の直下であったものと考える。

その後一三世紀後半に石仏谷墓地群に大きな造成が行われ、鎌倉時代後半の敏満寺は東日本への玄関口として発展する。東海系陶器の大量の流入はそれを如実に示すものであろう。延慶二年（一三〇九）の太政官牒には多くの堂舎が記されている。この記事は、A区の墓地の整備や、その時期にピークを示す陶磁器の量を説明する資料になる。

石仏谷墓地群の発見は、これまで空白であった南北朝期以前の敏満寺の姿と役割を甦らせるものとして注目される。

▼寺院型城塞都市の出現

しかし中世後半に入ると、敏満寺の中心は青竜山からのびた北の丘陵上部に移る。その最も大きな理由は、多賀大社の存在ではなかったかと考えられる。室町幕府とのつながりが強くなる中、琵琶湖と北陸への交通の要衝を押さえるためには、敏満寺と多賀大社の融合が大きなポイントとなった。

多賀大社は『古事記』に「其の伊邪那岐大神は、淡海の多賀に坐すなり」とあり、『延喜式』「神名帳」に「多何神社二座」とみえる。鎌倉時代中期頃には「犬上東西郡鎮守」となっており、「神官兼御家人」の多賀氏一族による「氏座」と、他の御家人や荘官らによる「郡座」がこれを支えた。

上代にさかのぼる伝承を持つものの、実態としての中世前期の存在形態は、郡を出ることが無い状況であったらしい。しかし明応三年（一四九四）の本願不動院成立以降は、敏満寺の別院である般若院・成就院などとあわせてその同宿輩（坊人・勧進坊主・与力・使僧など）の活躍で、全国的な展開を果たしたとされている。

図 3-23　青竜山（著者撮影）

一五世紀後半以降に進展した敏満寺と多賀大社の融合によって、敏満寺の正面も多賀道を意識したものとなり、そこから稜線沿いに道を登ると、左右に坊舎などの家々がならび、その最も奥に敏満寺の本拠がおかれ、さらにその背後には精神的な紐帯でありランドマークともなった青竜山が配されたという景観になったのではないだろうか。

そして雛壇型に街区の連なるその姿は、鎌倉時代から南北朝に興隆した石仏谷墓地群周辺の風景を、北の丘陵の地形に合わせて展開させたようにも見える。室町時代後半の敏満寺遺跡の風景は、前代の敏満寺の姿を原型に持っている可能性がある。これは鎌倉時代の山岳寺院の系譜をひいた敏満寺が、時代を生き抜くために選んだ、戦国期の寺院型城塞都市への見事な転身の結果だったと言える。

Ⅳ

中世の都市をつなぐ人々

一　石清水神人と日吉神人

かわらけと京文化

中世の都市にとって代表的な特徴の一つは、そこで行き交う情報の種類と量の多さであり、それを代表するのが「京都の情報」「京都の文化」であることは、多くの人の認める点である。ただしそれが具体的に京都のどんな情報であり、どんな文化だったのか、さらにそれを誰が何のために伝えたのかについては、これまであまり詳しく説明されてきていない。ここではそれを、「京都文化の象徴」として有名な、平泉や鎌倉の「京都系かわらけ」に注目することで考えてみたい。

一般に「京都系かわらけ」と呼ばれる素焼きの土器の皿は、直径が一二～一五センチほどで、京都以外の地域の多くの素焼きの土器の皿がロクロで作られているのに対して、手捏《てづく》ねで作られていることと、その形が京都で見つかる同じ時期のかわらけと極めて似ていることを特徴としている。

畿内の土器の皿は、基本的に七世紀の藤原宮以来の系譜を持つが、九世紀頃に平城宮的な特徴を脱し、およそ一〇世紀後半頃には平安京独自の形を完成させ、その系譜は江戸時代まで追うことができる。そしてこの土器の皿は、京都市内の全ての発掘調査地点で見つかるため、年代の基準資料にされ、また貴族から庶民までが使う、京都で最も身近な日常雑器と考えられてきた。

しかし平泉や鎌倉では、「京都系かわらけ」が未使用のままで大量に重ねられて一括で捨てられるなど、日常品とは思われない姿で見つかっており、そこでは、かわらけが京都とは違った使われ方をしていたと思わざるをえない。

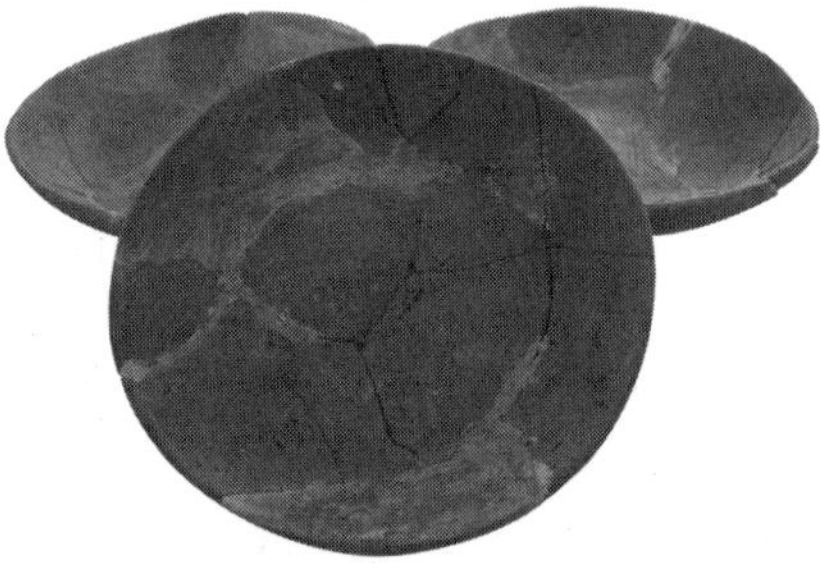

図4-1　常盤井殿町 SK401 出土かわらけ
(同志社大学歴史資料館)

東日本の遺跡でみつかる「京都系かわらけ」は、その形の特徴から、明らかに京都の文化を意識したものである。しかしそれが京都で考えられているような日常雑器ではないとしたら、京都の文化の何が求められ、伝えられたのだろうか。

▼宴会儀礼と宗教儀式

この問いに対する最も代表的な回答が、かわらけと儀式との関わりである。

藤原良章氏は、かわらけの使われ方を「都市的なもの」、「大量生産・消費されたもの」、「呪術的なもの」、「使い捨てのもの」と整理していく中で、特に一度限りの使い捨ての行為に注目し、それが『枕草子』に登場する「きよしと見ゆるもの」、すなわち清浄を尊ぶ思想につながるものであるとして、かわらけが持っていた特殊な性格を浮かびあがらせた。

そして、このようなかわらけの特殊な性格を象徴するのが、かわらけを大量に使用する宴会儀礼である。国家的な饗宴を行うために独立した施設群として造営された豊楽院に代表されるように、平安時代以降の政治には、宴会儀礼が大きな意味を持っていた。

その視点で東日本のかわらけを整理した飯村均氏によれば、東国でみられるかわらけの一括廃棄は、一〇世紀の支配拠点でおこなわれた宴会形式を源流とするが、奥州藤原氏によって「京都系かわらけ」が、新たな価値観として平泉に導入され、それが盛行する中で在地色が強まり、一三世紀中葉には東国各地に定着していったと考えられている。

図 4-2　東日本における手捏ねかわらけの分布
（浅野晴樹　1991「東国における中世在地系土器について」『国立歴史民俗博物館研究報告』第 31 集）

また吉岡康暢氏も、かわらけは院政の饗宴空間がその使用を増幅させた「簡便化を志向する民需用食器の極限」であり、饗宴セットとして一二世紀中葉に列島規模で出現し、東国では使い捨ての食器になじまない村落部と、渋下地塗りの粗製漆器がひろく使われていた東北を除き急速に普及した、と説明している。

一方、このように宴会儀礼との関係が推測できるかわらけに対して、宗教的な儀礼や儀式に伴う可能性を示すかわらけもある。

東日本における「京都系かわらけ」の分布に注目した浅野晴樹氏は、北関東で見つかるかわらけが、香取社や日光男体山などの有力な寺社勢力と関わっていた可能性を指摘している。また長野県霧ヶ峰の祭祀遺跡である旧《もと》御《み》射《さ》山《やま》遺跡のかわらけの場合も、大量の「使い捨て」を可能とする経済力のある行為者の存在を、都市的な風貌を持たない遺跡で求める例として、その非日常的状況は宗教的な儀式に関連づけて考えざるをえない。

さらに脇田晴子氏は、天皇家と皇族が正式の「食器」とした文化の中に土器は見あたらないとし、八幡宮《はちまんぐう》放生会《ほうじょうえ》など寺社の神事における土器の使用に注目している。

したがって、東日本で見つかる「京都系かわらけ」は、「京都の文化」の中でも、政治に関係した宴会儀礼や、なんらかの宗教儀式に伴う特殊な器として広がった可能性が考えられるのである。

▼──瓦器碗

ところで、このように京都の様々な文化の広がりを象徴する「京都系かわらけ」であるが、実はその流行は全国的なものではなかった。平泉や鎌倉で「京都系かわらけ」が使われていた同じ頃、西日本の各地では「瓦器《がき》碗」に代表される素焼きの土器の碗が広く使われていたのである。

瓦器碗は、一一世紀のある段階に出現し、畿内では摂津・大和・河内・和泉を中心として、丹波・伊賀・紀伊さらに阿波の一部でも焼かれていたと考えられている、燻し焼きされた土製の小型容器である。

図 4-3　本満寺跡地点出土瓦器碗
（同志社大学歴史資料館）

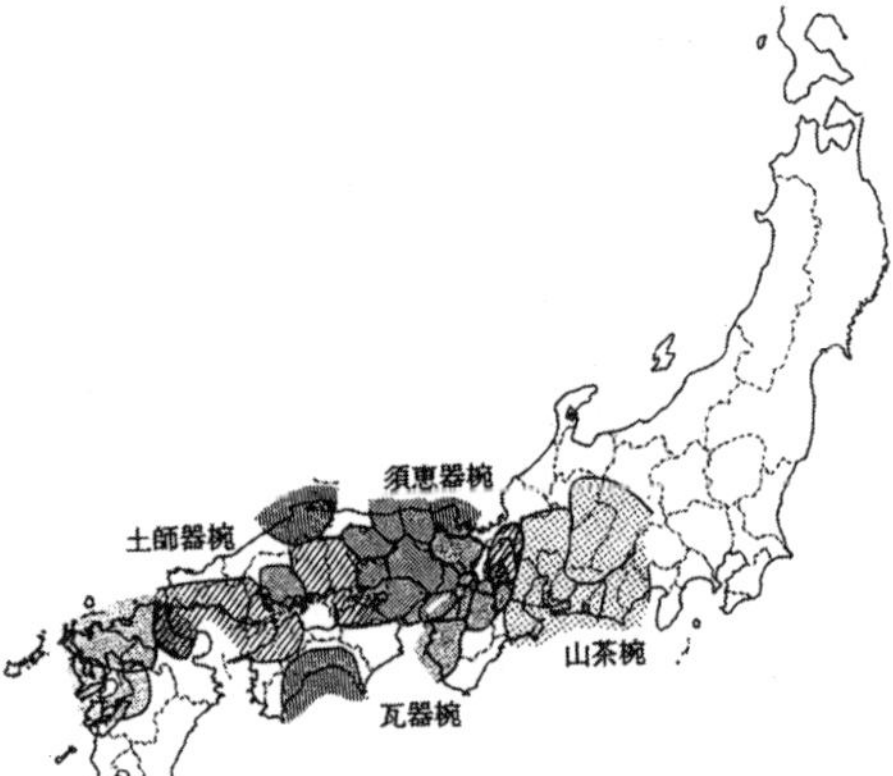

図 4-4　西日本の土器碗分布

これまでその生産と流通については、『梁塵秘抄』に登場する「楠葉」御牧との関係から、摂関家の先導による貢納生産と流通が考えられてきた。しかし摂関家が本拠とした平安時代後期の京都では、かわらけは多く見られるものの、瓦器碗は少量見かけるのみである。これは瓦器碗の生産と流通が摂関家では説明できないことを示す。これまで見逃されてきた一つの重要な問題がここにある。

一方畿内の瓦器碗の分布を見ると、基本的に石清水八幡宮の鎮座する男山丘陵の西側で多くみられるのは瓦器碗であり、その東で見つかる瓦器碗の分布は伊賀と近江南部であるが、これらの地域は共に男山丘陵の北で合流する木津川と宇治川の上流にあたる。

したがって日本列島全体を視野に入れた時、平安時代後期の土器の文化は、京都盆地の南に所在する男山丘陵を境にして、東は「京都系かわらけ」、西は「瓦器碗」に代表される「土器碗」といった、対照的な関係にあったと言えることになる。

もしそうであるならば、平安時代後期の東日本で使われた「京都系かわらけ」の意味は、西日本の土器碗からも探ることができるのではないだろうか。

▼北部九州の瓦器碗

平安時代終わりに西日本で広く使われていた土器碗の中で、畿内以外にもう一個所だけ、土器を瓦質に焼いている地域がある。北部九州である。

北部九州の瓦器碗については、森田勉氏の先駆的な研究を端緒として、柴尾俊介・村上久和・小倉正五の各氏によって北部九州全体の様相が明らかにされ、佐藤浩司・中島恒次郎氏等の成果をまとめた森隆氏による精緻な分布の整理により、およそ一一世紀後半または末頃から一三世紀中頃まで使われた北部九州の瓦器碗の広がりが明らかにされた。

ところで瓦器碗についても、これまでは一般的な日常雑器として考えられることが多かった。し

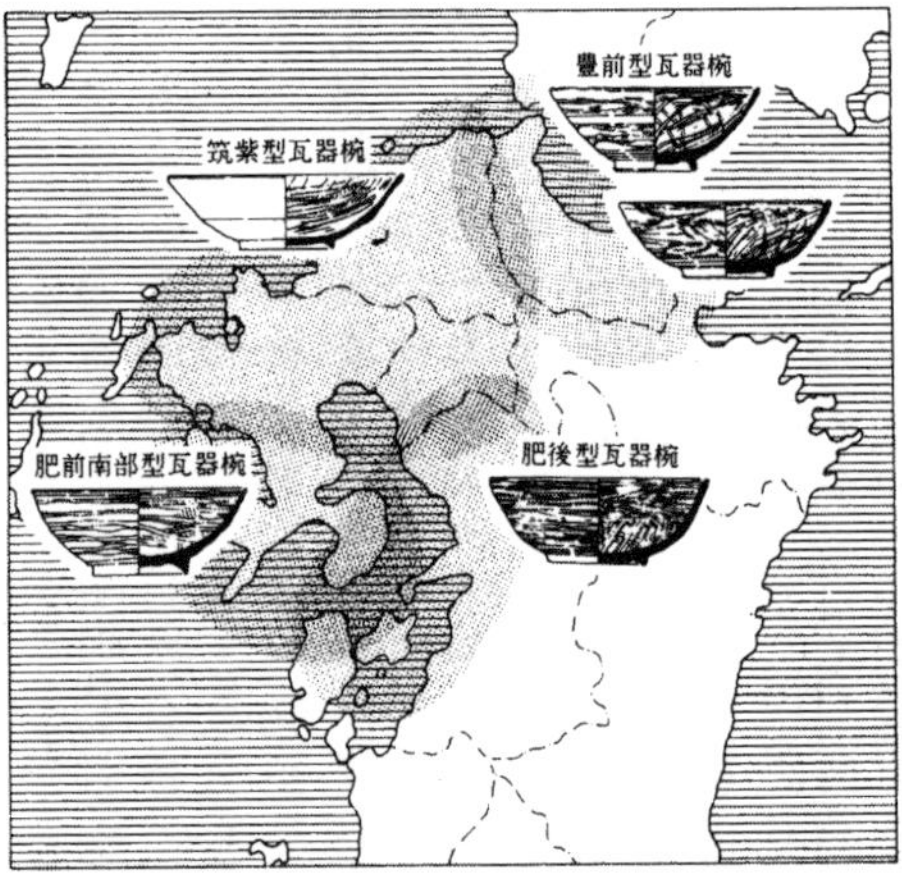

図 4-5　北部九州の瓦器碗分布
(森隆　1993「土器椀の生産と流通」『中近世土器の基礎研究』IX)

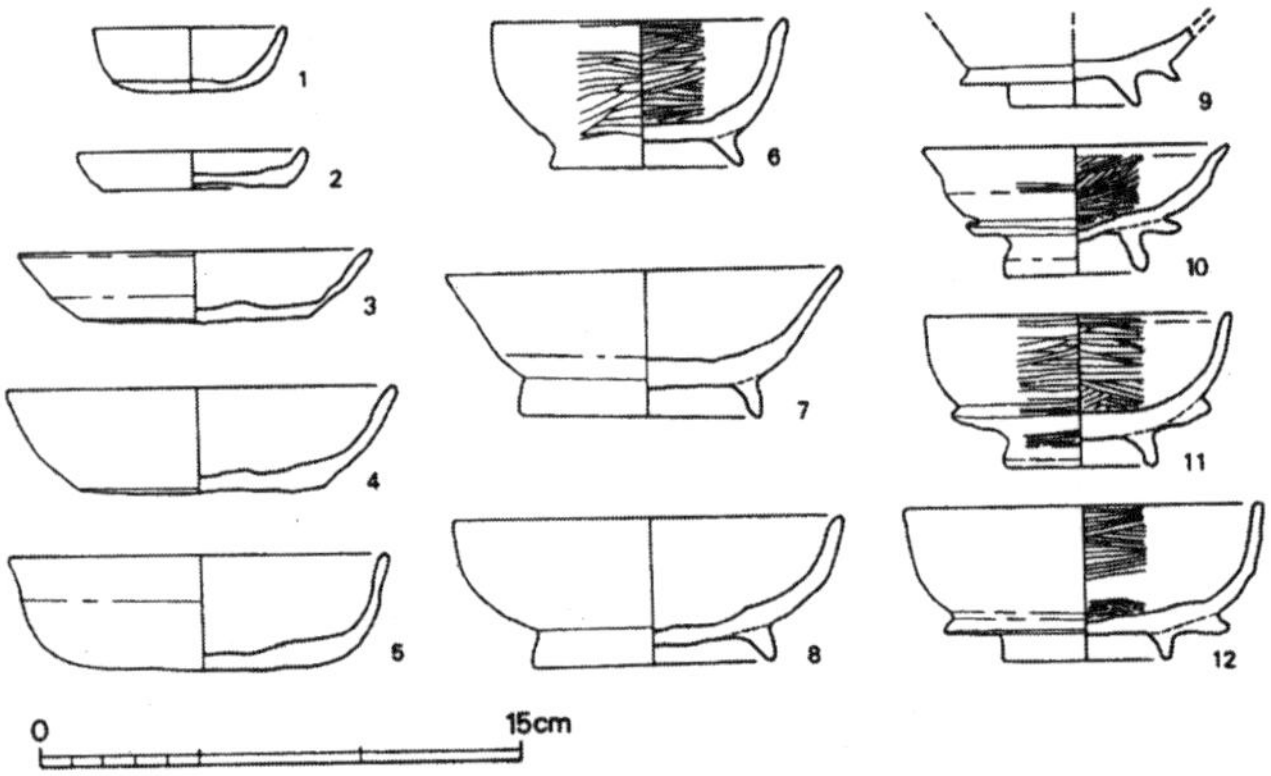

図 4-6　英彦山修験道遺跡出土の土器
(添田町教育委員会　1985『英彦山修験道遺跡』)

かし、瓦器碗の源流にあたる黒色土器碗で、そうではない使われ方をした遺跡が北部九州から見つかっていた。

それが福岡県田川郡添田町に所在する英彦山《ひこさん》修験道遺跡である。英彦山は、継体天皇二五年に中国の北魏の善正によって開かれたという伝承を持つ山岳信仰の山であり、寛治八年（一〇九四）の英彦山衆徒峰起事件などにより、大規模な組織を持っていたことが知られている。

このうち英彦三山の中心地である中岳の調査では、上宮社殿の建つ平坦地およびその南側急斜面から、一一世紀代の土器が投げ捨てられた状態で発見されている。

問題は九〜一二の碗にみられる底部と高台際の凸帯《とったい》である（図4‐6）。こういった土器は、これまで凸帯付きの碗として知られていたが、その実態は碗と托をセットにした形の模倣と考えられる。そうであれば、これらの土器は言うまでもなく儀式用の器であり、しかもこの遺跡の場合は、それが特に山岳信仰に関わる儀式に使用されたと言うことができる。

日本列島で唯一瓦器碗の分布を示すのは畿内と北部九州であるが、その北部九州の修験道の遺跡から瓦器碗の源流にあたる黒色土器碗が、宗教の儀式用の器として出土しているのである。これは何を意味するのであろうか。そこでこれを考える手がかりとして、もう一つの特徴的な分布に注目してみたい。

▼──宇佐と石清水のつながり

さきに平安時代後期の土器の分水嶺として男山丘陵をとりあげたが、その山頂に鎮座しているのが、大分の宇佐八幡宮から勧請《かんじょう》された石清水八幡宮である。飯沼賢司氏の研究に学びながら、ここでその関係を少し詳しく整理してみたい。

宇佐八幡宮より勧請された石清水八幡宮と最も密接な関係をもったのは宇佐八幡宮の神宮寺である弥勒寺であった。弥勒寺は「八幡宇佐宮御託宣集」などによると、神亀二年（七二五）に宇佐八幡の託宣によって宇佐盆地の東端にあたる菱形宮の東の日足林に建立されたと言われる。その後天平一〇年（七三八）に前年の宣託により宇佐神宮境内に移して講堂および金堂を建て、宝亀一〇年（七七九）の梵鐘鋳造によって完成とされている。

鎮護国家を奉じて神仏習合を代表する寺院であり、その後の宇佐宮の発展とともに勢力をのばすが、とくに平将門と藤原純友によっておこされた承平・天慶の乱を契機として、宇佐の宮司家出身の義海が天台座主の宣命を受け、また石清水八幡宮の第二検校も兼ねる中、石清水以下の一二社に追討依頼がなされるなど、宇佐と石清水を統合する環境が整い、その流れの中で、豊前の国府周辺にいた在地豪族出身の弥勒寺講師元命宇佐が最初に両者の結合を確立する。

元命は藤原道長の援助を受け、長和三年（一〇一四）五月五日に石清水八幡宮の少別当よりはじめて、同年七月には権別当にのぼり、治安三年（一〇二三）にはついに石清水に八幡を勧請した紀氏一族の子孫である定清を廃して、石清水八幡宮別当に就いている。宇佐八幡の弥勒寺は、これによって北部九州とさらに石清水八幡宮を掌握するのである。

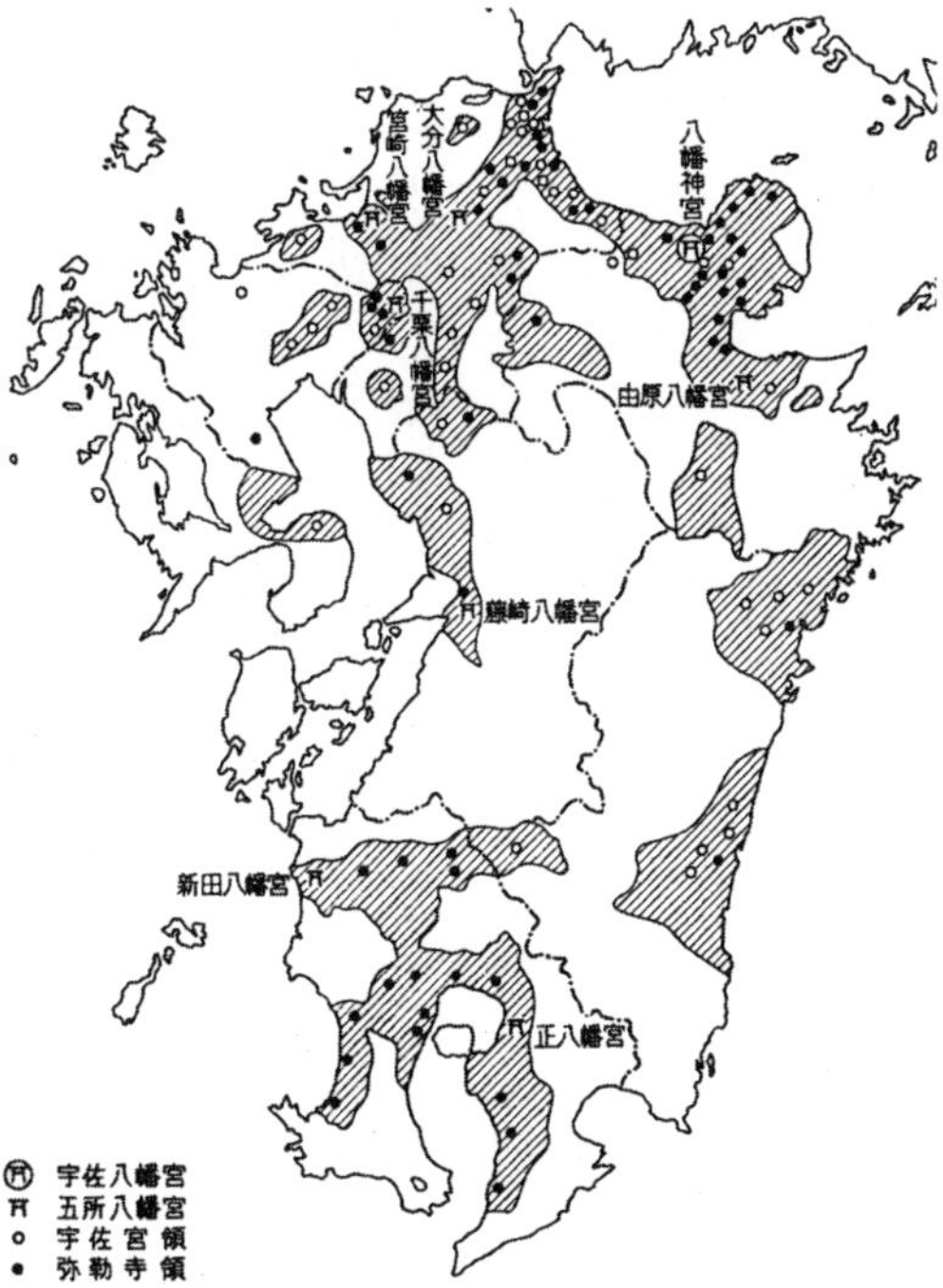

図 4-7　宇佐八幡宮主要荘園の分布
(中野幡能著　1967『八幡信仰史の研究』所載　第９図「宇佐八幡宮主要荘園分布の概況（巻末折込）吉川弘文館)

その後石清水の主導権は再び紀氏一族の系列にもどるのであるが、石清水と弥勒寺との関係が弱まることはなく、大治三年（一一二八）、石清水別当の光清は四度目の宇佐弥勒寺との統合をはかり、元命の孫にあたる寛賢と宇佐大宮司の相論を契機に、弥勒寺検校として実質的に弥勒寺の支配権を掌握し、これによって「宇佐宮弥勒寺とその末宮やその荘園は、この段階で完全に石清水八幡の支配下に組み入れられ」、その結果「石清水八幡宮は、日本の寺社最大の権門として君臨することになる」のである。

具体的な権力支配の点で一一世紀前半に遡る石清水と弥勒寺との関係は、一一世紀後半の相互による権力移動の時期を経て一二世紀はじめには石清水側の掌握の形で完成するのである。

そんな石清水と宇佐のつながりの中で注目されるのが、石清水と関係の深かった弥勒寺領の荘園分布がやはり北部九州に広がっており、それが先に見た北部九州の瓦器碗の分布と重なっている点である。

▼弥勒寺

弥勒寺領荘園の動向については、宇佐宮領小野荘・岩崎荘を対象とした中山重記氏の研究、弥勒寺領八坂荘を対象とした河野泰彦氏の研究、弥勒寺喜多院領の都甲荘《とごうのしょう》と香々地荘《かがじのしょう》を対象とした飯沼賢司・桜井成昭両氏の研究が詳しいが、これらの荘園は一一世紀段階の弥勒寺における堂舎の

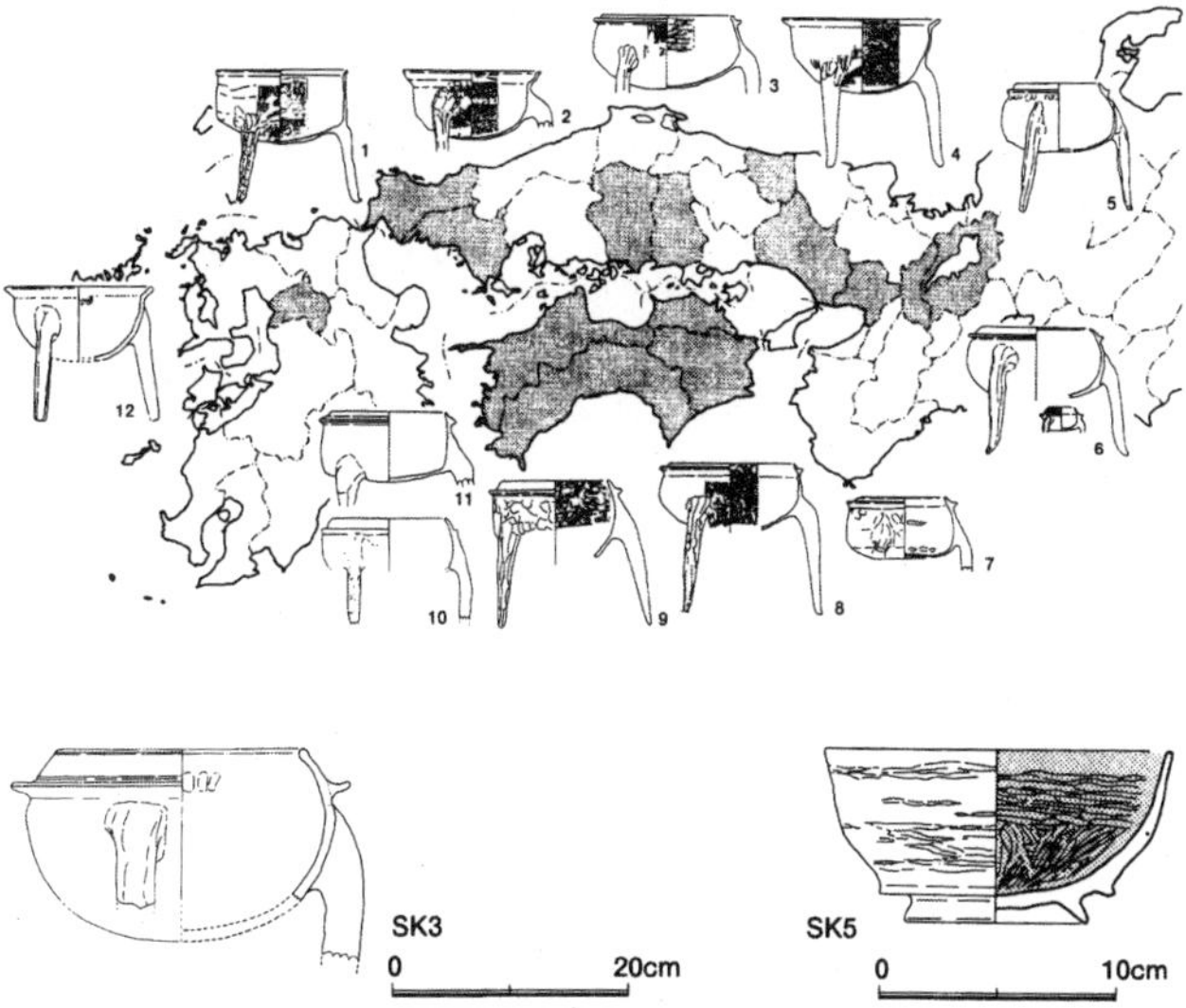

図 4-8　瀬戸内沿岸の土製煮炊具と弥勒寺出土土器
（大分県宇佐風土記の丘歴史民俗資料館　1989『弥勒寺』）

建立と維持のために形成されていったものとはいえ、その実質的な支配は石清水八幡宮の善法寺家などにあったとされている。

加えて弥勒寺跡の発掘調査からも、さきの凸帯付き土器碗および脚付き土製煮炊具が出土しているのである。遺物の出土したG二区は、弥勒寺の食堂または政所の推定地に近いとされている地区であるが、SK三は幅二・三メートルで長さ五メートル以上の溝状を呈し、その中・下層から炭化物に混じって多量の遺物が出土している。出土した遺物の半数以上が完形品で、構成は土師器の坏・皿を中心に碗・鉢・鍋・鼎《かなえ》・黒色土器・土製賽子《どせいさいころ》などにおよび、なんらかの祭祀に使用された土器類が終了

図4-9　11・12世紀の九州有銘経塚分布図
（千々和実執筆　1987「八幡信仰と経塚の発生」掲載「十一・十二世紀の九州有銘経塚分布図」443頁　斉藤忠編『日本考古学論集』6　墳墓と経塚　吉川弘文館）

後に一括廃棄されたものと推定されている。時期は一一世紀前半に比定されている。

またSK五は直径一・三メートルの円形で断面は浅い皿状を呈する土坑であり、遺物は南半部に集中して一括廃棄の状況を示している。時期は一〇世紀末に比定されている。共に一括廃棄の状況を示す遺構からの出土であることに注意したい。

なお、脚付きの土製煮炊具は、一二世紀後半から一三世紀代を中心として西日本の瀬戸内海沿岸を中心とした地域に分布し、これについても儀器である可能性が高い製品と考えられる。

さらにもうひとつ注意されるのが、この分布と経塚の分布の関係である。九州における経塚の分布の背景については、既に千々和実氏によって修験道との関わりが指摘されており、またそこで八幡信仰との関係も述べられてきている。先に英彦山の遺跡から出土した黒色土器の事例を紹介したが、これを前提とすることができれば、あわせて説明できることにもなる。

以上、平安時代後期から鎌倉時代において西日本に流行する土器碗の中で、瓦質に焼成する碗が畿内と北部九州にのみ限られるその背景を、それが儀式用の器である視点を前提として、石清水八幡宮と宇佐宮弥勒寺の関係と対比して考えてみた。

ただし、石清水八幡宮が実際に瓦器碗を生産しており、瓦器碗の使用が八幡宮の、例えば放生会などの儀式と直接結びつくものであったかどうかについては検証に至っておらず、かわらけの生産と流通と使用法とそれぞれが全く別の論理によって形成されていた可能性も指摘しながら、この問題は今後の課題としたい。

それではこの仮説は東日本の「京都系かわらけ」の分布とどのように関わってくるのだろうか。

▼日吉大社

重要な点は、西日本で見られる瓦器碗の流通が石清水八幡宮と宇佐弥勒寺の関係の中で説明できるならば、東日本で見られる「京都系かわらけ」の分布の背景も、やはり寺社勢力との関係の中で説明できるのではないか、ということである。

その点で話を東日本に戻せば、土器と同じ窯業製品である陶器については、その生産主体を加賀の白山社とむすびつけた吉岡康暢氏の著名な研究がある。氏は、加賀最大の宗教的権門として、地域の経済権益にも関与した比叡山末の白山宮の範囲が、一二世紀中葉には西は普正寺遺跡の所在する佐那武《さなたけ》白山社から、東は越後南部の能生《のうしょう》白山社に及んでいたことに着目し、法住寺白山社を核として展開した珠洲窯《すずよう》の製品が、白山宮神人《じにん》の身分を帯びる刀禰《とね》級在地《きゅうざいち》領主支配下の廻船によって運ばれたことを予測し、また珠洲焼のもつ特殊性の中でも、その技術系譜が古代の須恵器工人を源流としている一方で、特に特徴的な造形と加飾法においては、東西日本の焼き物文化を合成しつつ朝鮮半島や中国の情報もとりこんでいる背景に、修験者が介在した可能性も指摘した。

同様な視点については、伊勢神宮と常滑窯製品の関係について述べた赤羽一郎氏の研究も知られている。したがって、これをかわらけに置き換えた場合でも、北陸から東日本への伝播は、このネットワークに乗れば可能と考えることができる。問題は京都から北陸へのつながりの説明である。ところがそれをつなぐ存在が、網野善彦氏によって指摘されていた。それが延暦寺山門と日吉大社である。

日吉大社は、古事記の大国主神の条にみえる大山咋《おおやまくい》神の鎮座する牛尾山の祭祀を起源とする東本宮と、天智天皇が六六七年に三輪明神を勧請したと伝える西宮を中心として比叡山東麓の坂本に所在している。この牛尾山は、比叡山の大比叡に対して小比叡と呼ばれ、山頂に巨大な磐を配する円錐形の整った神奈備山であるが、日吉神の起源は、本来この牛尾山を中心とした古代の神体山信仰にあるとも言われる。しかし西本宮が比叡山延暦寺の守護神となって以降は、延暦寺の発展にしたがい、神仏習合のもと、中世の日吉大社の中心的な役割を担っていく。なお天皇家との関係は、延久三年（一〇七二）の後三条天皇の行幸がその古い例として知られ、元徳二年（一三三〇）の後醍醐天皇まで数多くの参詣がおこなわれたとされている。

さて、網野善彦氏が述べているように、一〇世紀後葉までに比叡山が若狭に荘園を形成して以降、北陸道の諸国には多くの比叡山と日吉大社の荘園が設けられ、また加賀の白山社、越前の気比社をその末社とし、出羽以北についてもその末社や末寺が分布することからも、比叡山と日吉大社は、北東日本海域に対して強い影響力を及ぼしていたと考えられている。

そしてその実際の運営を担ったのが近江国愛知郡司も兼ねた中原成行などに代表される日吉神人であった。彼等は大津を中心に右方と左方に分かれて十二世紀前半から鎌倉期まで「北陸道神人」と呼ばれた巨大な組織を形成して北陸道諸国に分布し、出挙《すいこ》・借上《かしあげ》の活動に従事して、ひろく日本海の廻船人として活躍し、あるいは日吉神人であると同時に気比の神人でもあった中原政康のように、敦賀に居住して和布・丸鮑・鮭などを貢納していたとされる。

したがって京都のかわらけも、日吉大社または日吉神人を介することができれば、白山社と共に日本海ルートにのって広く東日本にその分布を伸ばすことが可能となるのである。従来平泉・韮山・鎌倉に注目して考えられてきた東日本の「京都系かわらけ」であるが、実はその分布が日本海側にもひろくみられることが、飯村均氏の整理によって示されており、この見方を傍証するものともなっている。

そしてこのかわらけのもつ宗教性について、明確にその関係を示した遺跡が、やはり日本海側の遺跡から見つかっている。

▼大楯遺跡

大楯《おおだて》遺跡は山形県飽海郡遊佐町に所在する一三世紀代の集落遺跡であり、鳥海山を源流とする月光川と日向川で挟まれた自然堤防の微高地上に立地している。一九八六年以降の調査により、木柵で囲まれた地区とその中から礎石建物を中心とした規則的に設けられた井戸と建物群が発見された。このうち礎石建物のSB四〇一は、三間四方で東に庇《ひさし》をもち、さらに東に一間の張り出し部をもつとされる。出土した遺物は、手捏ね成形と轆轤《ろくろ》成形によるかわらけが八三・五%で、これに珠洲窯系陶器・越前窯陶器などの国産製品と、青磁・白磁などの中国製品も多数みられる。

さてこの遺跡の評価であるが、SB四〇一に代表される建物は、栃木県の下古館《しもふるだて》遺跡でも注目された、一般の居住用建物とは異なった性格をもつものであり、木製の五輪塔形が出土していることとあわせて、河野眞知郎・飯村均・八重樫忠郎氏らによって、中世の神仏習合下における神社を中心とした遺跡であるとまとめられている。

図 4-10　大楯遺跡（著者撮影）

さらに八重樫忠郎氏によって平泉においても古代末期のかわらけの使用形態は宗教性をおびていたとの指摘もあり、また飯村均氏も先の宴会儀礼の研究の中で、宮城県山王遺跡の中で宗教儀式で使用された大量のかわらけの事例を紹介している。

現時点において、これまで述べてきたかわらけの意味論としての宗教性について、それはあくまでいくつかあるうちのひとつの選択肢であるかもしれず、その実態についても石清水八幡宮と瓦器碗との関係と大きく異なるところはないかもしれない。しかしその可能性は少なくないと考える。

▼神　人

ところで、その主人公であった神人については、『小右記《しょうゆうき》』の永祚元年(九八九)の条や『百練抄《ひゃくれんしょう》』永延元年(九八七)の強訴で知られるように、記録には一〇世紀後葉にその姿を現す。一一世紀に入ると宇佐をはじめとした大寺社に属する神人や悪僧が、神の権威を背景にして強訴などにおよび、その存在は「王法」を越えんとするまでの政治的な問題になり、ついに王朝国家側では保元元年(一一五六)に新制を発し、寄人を制度化して、神人・悪僧等を統制しようとし、おおむね一三世紀前半までには彼らを国制の中の正式な身分として規定していく。

その実態については、石清水八幡神人は綱引神人であったものの、山崎神人は油売、淀神人は塩、大住神人は薪、和泉・摂津の春日神人は魚貝の売買をおこなっていたとされるような多様な職能民であり、立場としては実力をもった名主層で、しかも一般の人々とは区別される存在であったと考えられている。

しかし鎌倉後期になると、幕府は寺社の造営・修理のための勧進を認める一方で、特にそれ以外の収益行為を禁圧しようとしたため、それを活動の大きな一端としていた神人は力を失い、また山門に属して日吉神人でもあった土蔵法師が俗体となって高利貸しを始めるなど、商工業者が社寺の保護を必要としなくなるほどに成長したことと、南北朝の大きな動乱が影響を及ぼして、中世前期における神人《じにん》・供御人制《くごにんせい》に崩壊が訪れるとされている。

なお、中世の神人の活躍と併行して、やはり様々な職能民をその構成員としてもっていた供御人の代表である蔵人所燈籠供御人の河内鋳物師についても、一四世紀前半で姿が見えにくくなってきている。

一方これに対して瓦器碗とかわらけの動向をマクロ的に見れば、その終焉は、東日本の京都系かわらけがおよそ一三世紀で、西日本の瓦器碗や土器碗もやはり一三世紀代にその全盛期を終える。またその初現についても西日本の場合は内外面を黒色処理した、いわゆる黒色土器B類碗の出現に対応して一〇世紀後半に遡る起源があり、東日本でも、かわらけの一括廃棄が一〇世紀代を源流とする飯村均氏の指摘があり、さらにその時期は、口縁部を「て」の字に成形した土師器皿と、疑似高台の土師器皿が列島の東西を越えて広く分布する時期にも対応している。

したがって東は土器の皿、西は土器の碗と異なる製品ではあるが、それらを用いた行為は共に平安時代後半を起源とし、またその終焉についても南北朝期に一致すると見ることができる。これはその背景に共通する要素があった可能性を示すが、同様な変遷を辿る中世前期の神人の動向は、これに深く関係していると考えられる。

東日本に広がる「京都系かわらけ」と、西日本の各地で見つかる「瓦器碗」に関わったのは、それぞれ日吉神人と石清水神人であった可能性が高い。したがってそれらが伝えた「京都の文化」のきっかけは、宗教的な性格の強いものだったと考えるべきであろう。

二 東福寺と鎌倉

滑石《かっせき》製石鍋

滑石製石鍋とは、長崎県西彼杵《そのぎ》郡大瀬戸町（現・西海市《さいかいし》）を主な生産地として、平安時代後期から南北朝期にかけて、主に西日本と鎌倉で使われた煮炊き具である。外面に煤が付いていることと、口縁部の外に四角い把手が付くものや、口縁部の下に鍔《つば》を巡らせるものがあることから、鍋や釜と同様な使われ方がされたものと考えられてきた。

鎌倉時代の煮炊き具は、鉄鍋や鉄釜と同時に、西日本では広く土鍋や土釜が使われていた。しかるに容量が小さく、割れにくいが重く扱いづらい石鍋を、誰が西彼杵半島から京都や鎌倉へ運び、何のために使ったのだろうか。

図4-11　滑石製石鍋
（写真提供：広島県立歴史博物館）

石鍋が大量に出土する草戸《くさど》千軒町《せんげんちょう》遺跡で研究を進める鈴木康之氏に学べば、石鍋が日本列島に登場するのは一一世紀の北部九州で、そのルーツに関わる担い手は博多の宋商人たちだった。

この時期の分布は、ほぼ北部九州と南西諸島に限られ、その年代は、旧大瀬戸町の調査で見つかった炭化物が一一世紀前後とされることに加え、『小右記』の万寿四年（一〇二七）一二月八日条に登場する「温石鍋」や、天承元年（一一三一）六月二日の「筑前国船越庄未進勘文（『東大寺文書』）などから知られる。

一二世紀前半までは、それほど分布の広がりは見えない。ただし、僅かに京都へ持ち込まれた石鍋が、饗宴の調理具として、甘葛《あまずら》や薯蕷《とろろ》粥などの調理や、練香の原料加工などに使われたことは、久安二年（一一四六）成立の『類聚雑要抄』や、『厨事類記《ちゅうじるいき》』第三巻後半の「調備故実」（室町中期以降成立か）に記されている。

石鍋が瀬戸内から畿内へ流通を始めるのは一二世紀後半以後で、形も口縁部に把手を付けるものから、いわゆる「羽釜」に似た鍔を巡らせるものに変わり、鈴木氏はそこに、流通構造も含めた「日本的」なものへの変化があったと見る。

石鍋が最も多く発見されるのは一三世紀後半から一四世紀前半である。この時期、生産地も西彼杵半島に加えて山口県宇部市に出現する。分布は瀬戸内から西日本の海沿いの遺跡を中心に広がり、太平洋側では鎌倉で、また日本海側の一部でも出土している。さらに埼玉県の川越城跡、阿保遺跡、行司免遺跡など内陸の遺跡でも見つかるようになる。

鈴木氏はこのような石鍋の流通の変化に対し、一二世紀後半の変化は大宰府の貿易管理体制が緩み国内の寺社・権門勢力が対外貿易を掌握した結果であり、一三世紀後半の変化には北条得宗が関わったためとし、また、石鍋が使われた背景については、石鍋に饗宴の場に必要とされた身分秩序に関する象徴性が与えられ、その意味が西日本を中心とする都市部の人々に共有されたためであるとして、都市住民を象徴する商人や手工業者に広く普及していったところに注目している。

▼──京の石鍋

実は京都市内で石鍋が多く見られるのも、この一三世紀後半から一四世紀代である。さらに基本的に洛中の全域から出土しているが、ひとつの中心と見られるのが六条以南の京都駅前周辺である。

平安時代後期以降の京都駅周辺は、現在の西本願寺の場所にあった東市を中心に、平安京の経済の中心地だった。平安時代の終わり頃からその中心は東へ移動し、現在の七条通りと新町通りの交差点を中心にした一帯が、「七条町」と呼ばれて、金融と様々な製造業が集まった経済と産業の一大センターとなった。その背景に新興の武士層と鳥羽皇女八条女院、そして後白河院の姿があったことはよく知られている。

しかしその「七条町」も一三世紀中頃には衰退し、一三世紀後葉以後は、その場所に墓地が広がる。そしてその墓地群を隔てた南東に、後になって東寺領八条院町と呼ばれる、様々な職人の住んだ町が生まれる。京都の石鍋は、この「七条町」の後半頃から、その南東に職人たちの町が姿を現す頃に、ちょうどその場所で多く使われていたことになる。

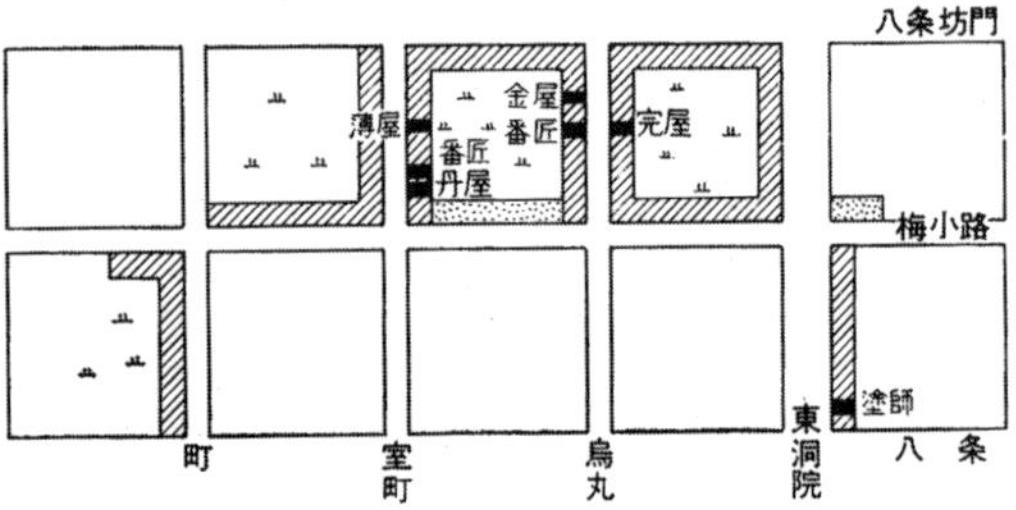

図 4-12　八条院町復原図
(川島将生・横井清　1971「Ⅲ-3 京とその周辺」『京都の歴史』第２巻 中世の明暗　京都市史編さん所)

その意味で西彼杵半島から運ばれた石鍋を使っていた人々は、京都の中でも商業や手工業に関わった人々だった可能性がある。

▼鎌倉の石鍋

石鍋についてもう一つ興味深い特徴がある。京都以上に鎌倉で多く見られることである。京都で見つかる石鍋の破片数は、一つの調査地点に対して多くて数点であるが、鎌倉では、光明寺裏遺跡で約八〇点、今小路西遺跡で四五点以上、千葉地遺跡では約二八個体分の石鍋片に滑石製スタンプおよびその未製品が加わる。また諏訪東遺跡では一四個体分の石鍋片に滑石製のスタンプが一三点と温石一一点が加わる。

これを調査面積との関係で見た場合、例えば石鍋が大量に出土していることで知られている草戸千軒町遺跡は、六六〇〇〇平方メートルの調査面積に対して約二〇〇〇点の石鍋片が出土しているため、一平方メートルあたりの出土破片数は〇・〇三となる。ところがこれに対して鎌倉では、いずれも概数ではあるが、光明寺裏遺跡が〇・一六、今小路西遺跡で〇・〇三、千葉地遺跡・諏訪東遺跡で〇・〇五と高い数値を示している。

また海岸に近い前浜地区の由比ヶ浜四－六－九地点では、方形竪穴建築址からも石鍋が見つかっており、なかでも遺構一七八・一七九からは鍋弦が出土し、遺構三三一出土の石鍋には、口縁部に

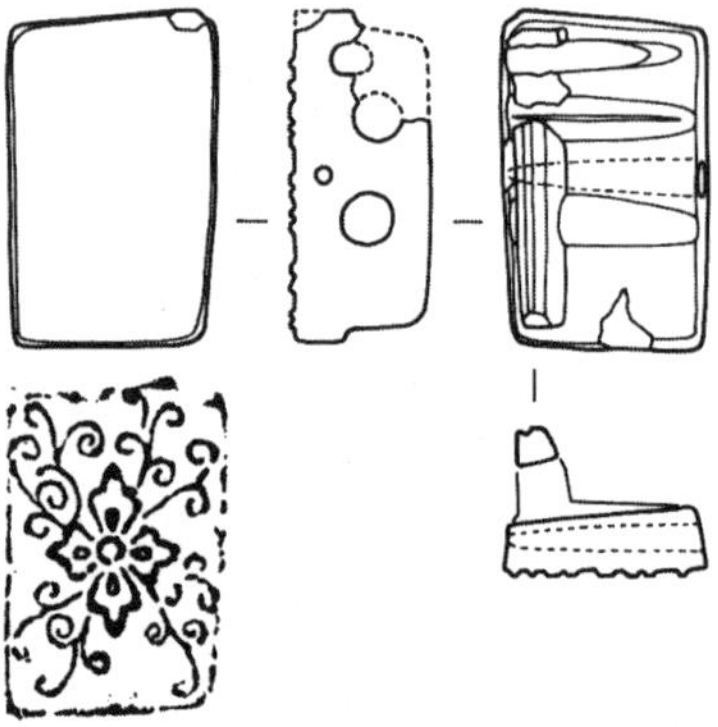

図4-13　千葉地遺跡出土滑石製スタンプ（千葉地遺跡発掘調査団　1982『千葉地遺跡』）

鍋弦を差し込んでいたと思われる穿孔がある。方形竪穴建築址の性格は未だ確定してはいないが、これらの状況は、石鍋が各々の家に伴う極めて身近な生活品だった可能性を示す。

ただし佐助ケ谷遺跡では、九室を持っていたと思われる建物一五から見つかったのは、口径二〇センチほどの石鍋が一点で、三室持っていた建物一七でも同様な石鍋が一点出土したのみである。従って、鉄鍋に比べて極端に少ない容量と合わせて考えれば、一概に一般的な日常品とすることも難しい。

馬淵和雄氏は、前浜地区の人たちが極楽寺の強い影響下にあり、商業や手工業に従事していたとする。これをふまえれば、鎌倉の石鍋についても、京都と同じ見方ができることになる。問題は、生産地である鎌倉や京都と西彼杵半島の関係である。

その手がかりを得るために、石鍋の生産地を代表する長崎県の旧西彼杵郡大瀬戸町の中世に入って行ってみたい。

▼鎌倉と彼杵荘

肥前国の守護は、武蔵国を本貫地とする武藤資頼が嘉禄三年（一二二七）以前に補任されるが、モンゴル来襲後の弘安四年（一二八一）までには、その職は執権であった北条時頼の弟の時定に移り、さらにその後、金沢氏・北条氏を経て鎮西探題《ちんぜいたんだい》の滅亡する元弘三年（一三三三）には北条久時の子である赤橋英時が勤めている。

このうち彼杵荘については、氏名・出自ともに不明であるが、鎌倉時代初期に東国御家人が惣地頭職として補任され、鎌倉時代中期になると、その下の小地頭職にも東国御家人が補任されるようになる。その代表が武藤氏の系譜につながる少弐貞経《しょうにさだつね》（妙恵）で、同氏は対馬国とあわせて小地頭を給付されており、建武三年（一三三六）の後醍醐天皇の綸旨《りんじ》案には、九条道教に給付された彼杵本荘地頭職が、以前は少弐貞経のものであったとする記載がある。

なお少弐氏は武藤資頼が大宰少弐を勤めたことにより称された一族で、モンゴル来襲までは鎮西の中核にあったがその直後衰退し、貞経は新編成となった得宗による鎮西探題の下で二番引付頭人になり、その不満が大友氏・島津氏と共におこなった元弘三年（一三三三）の鎮西探題攻撃の原動力になったとも言われている。なお貞経の子の頼尚は北朝方につき筑前・豊前・肥後・対馬の守護となるが、博多の九州探題と競合する中で天授元年（一三七五）に今川了俊に殺されて勢力を失っていった。

南北朝期に入ると、彼杵では、鎮西探題が滅亡する元弘三年（一三三三）に、彼杵荘江串浦を本拠とする江串三郎が、後醍醐天皇の一宮尊良《たかなが》親王をたてて謀叛をおこし、鎮西探題が討手をさしむけるなどの緊張状態が発生し、その後も足利尊氏と後醍醐天皇のそれぞれの側にたち、抗争が続く。

そんな中、博多を拠点とする足利方の九州管領一色道猷は、彼杵郡から兵粮米を調達すべく計画をたて、後醍醐天皇皇子の懐良《かねなが》親王をたてた菊池氏との間で合戦をおこない、さらに正平四年（一三四九）には足利直冬が肥後へやってくることにより、尊氏側の一色道猷と菊池氏と、少弐頼尚と阿蘇大宮司を味方に引き入れた直冬の三者鼎立の状態になり、彼杵荘もその中で翻弄されることになる。

このような鎌倉時代から南北朝期にかけての彼杵郡をめぐる錯綜した政治的環境の中で、大規模に石鍋を製作し、大量に瀬戸内を通過して、連続して鎌倉へ搬入することができた、一貫した権利関係をこの中に見いだしうることができるのであろうか。

▼彼杵荘と東福寺

その点で注目されるのが彼杵荘と東福寺との関係である。彼杵荘は、鎌倉時代の終わりに東福寺領であったことが知られており、「東福寺文書」の「肥前国彼杵庄文書目録案」や東福寺の良覚が正慶二年（一三三三）の千早城攻撃などの見聞を記した「正慶乱離志」の裏面に書かれた嘉暦四年（一三二九）銘の「肥前国彼杵庄文書目録」などに、その多くの在地武士の名前が記されている。

その中に石鍋を産した大瀬戸町に関係する地名も含まれており、元応二年（一三二〇）の肥前国彼杵庄雑掌所給鎮西御下知事の中で雪浦□□三嶋一方領主として田河彦太郎という人物が見え、また東福寺領肥前国彼杵庄御下知御教書訴陳以下目録の中の遠州（肥前国守護北条随時）御下知分に雪浦并馬手嶋領主として田河彦太郎宛の奉書が二通（正中二年〈一三二五〉四月二二日と五月十九日）見える。

雪浦は現在の大瀬戸町南部にあって、万助山・飯盛山・駄馬・目一ツボ第1・目一ツボ第2などの石鍋製作所跡が発見されている場所である。したがってこれらの史料にしたがえば、一四世紀前半に石鍋が製作されていた時、おそらく下司としてそれに直接関わっていた在地領主の一人は田河氏であり、東福寺はその本家として関係していたことになる。

一方東福寺は、九条兼実の孫で源頼朝の姪を母とする九条道家を根本壇越《こんぽんだんおつ》として、東大寺で受戒し、宋で学んだ臨済僧の円爾弁円を開基として建長七年（一二五五）に開堂した寺である。

九条道家は、氏の長者として公家政治を代表すると共に、摂家将軍である四男の頼経を通じて幕府との密接な関係を持った人物であり、また円爾は、仁治二年（一二四一）に帰国し、北部九州を拠点として大宰府の崇福寺や博多の承天寺などを開いた人物である。いずれも北部九州と京都と鎌倉をつなぐ要素と見てよいだろう。

加えて、承天寺の建立に際しては、大宰小弐藤原資頼が大檀那となっており、少弐と彼杵荘の関係も、この中に含まれる可能性がある。なお建武三年（一三三六）、少弐貞経の後に彼杵荘の小地頭を給付された九条道教が九条家につながる人物であるとするならば、それも彼杵と東福寺の関係を示すことになる。

中世の石工人が寺院と密接なつながりをもっていたことは、石塔に代表される製品の種類からも推測できるが、大和を中心に東大寺法華堂石燈籠などを造って活躍していた伊行末《いぎょうまつ》に代表される伊派の一流が、「大蔵派」として、極楽寺の忍性に率いられ、元箱根の石仏群製作にあたったことが村野浩氏によって指摘されており、またその広範な移動についても、弘安六年（一二八三）に長野県飯田市の文永寺石室内五輪塔をつくった菅原行長が南都石工と記していることから知られている。

その点で寺院が実際に工人を支配したかどうかはともかく、前節の陶器や土器と同様に、製品の製作をプロデュースすることは可能な立場にあったことは否定できない。ちなみに東福寺には、円爾が宋から持ち帰った「大宋諸山図」があり、その中に水力による碾磑《てんがい》を用いた麺と茶の製造工房の図がある。

なお千々和実氏は荒川流域の板碑の祖型を導入し、その製作に関わったのが、荒川上中流域の土豪であった丹治《たんじ》氏であった可能性を述べている。丹治姓の工人は現在の大阪府堺市を中心に古代より活躍していた河内鋳物師が有名である。河内鋳物師に関わる真福寺遺跡と河内の律宗寺院であった真福寺の関係は検討が必要だが、鋳造製品の最も大きな注文主として寺院と関わっていた可能性は強い。

西彼杵郡の石鍋の流通は、このような東福寺や鎌倉との関係の中で、東福寺が主体となって成立したのではないだろうか。

▼――宇治の中世

もうひとつ石鍋の目立つ地域が畿内にある。

平等院鳳凰堂で有名な宇治は、その北に位置する二子塚古墳と宇治橋で象徴されるように、古墳時代に遡る交通の要衝だった。森浩一氏が指摘するように、古墳時代後期の二子塚古墳は、継体大王の実際の墓と推定される高槻の今城塚《いましろづか》と墳形が類似しており、その点において北陸との関係を示す。一方二子塚古墳の位置する岡屋は、『旧事本紀《くじほんぎ》』孝元の条に「武埴安彦、岡屋臣の祖」と見え、これは椿井大塚山古墳に関わり木津川交通との関係を示す。さらに古代北陸道につながり壬申の乱に登場する宇治橋の重要性は言うまでもない。

平安時代初期以降、宇治は藤原氏と深い関係を持つ。北は木幡《こはた》から南は白川までの地域において、九～一二世紀におよぶ期間で、多くの藤原氏関係の史料と遺跡が知られ、平等院を中心とした多くの研究がすすめられてきた。

その中で近年特に注目されているのは、院政期の平等院西部地区についてである。この地区については、これまでも史料から、小松殿をはじめとする別業の存在が推定されていたが、近年の調査で平安時代後期の邸宅跡が発見され、院政期の宇治には、平等院の西側に、忠実(一〇七八〜一一六二)の時期に整備された邸宅群の広がっていたことがわかってきた。

この時期に続く宇治の鎌倉時代で、正確な数量は不明だが、赤塚遺跡など特に山科へつながる木幡地区のほとんどの調査地点から、経験的ではあるが京都市内で見つかる破片より大きな破片の石鍋が出土しているのである。これは何を意味するのだろうか。

▼西園寺氏と叡尊

藤原氏と宇治の関係は、忠実の冨家殿によって終わったわけではなかった。一三世紀以降、関東申次として鎌倉幕府とつながることにより、平安京北辺の持明院殿を中心に勢力を伸ばし、東アジア交易の利益などから元仁二年(一二二四)には、『増鏡』に法成寺に優るとも劣らないと評された北山殿を築き、寛喜三年(一二三一)には姻戚関係のあった藤原定家の『明月記』に、福原の禅門を超えたと書かれた西園寺公経の存在である。

彼は、伊予をはじめとする瀬戸内海流通に必要な西国の各地を掌握すると共に、吹田西荘・鳥羽殿領・淀魚市・美豆牧といった京都につながる淀川沿いの主要拠点をおさえ、仁治三年(一二四二)

図4-14　宇治川（著者撮影）

には、宇治の西に位置する真木島に山荘「花亭」を造営し、その後戦国時代まで、それは相伝されたという。

また真木島には漁撈に携わる贄《にえ》人が見られ、関が置かれるような交通の要衝でもあったと言う。一三世紀に入った宇治もまた、西園寺家による水上交通のネットワークの中にあったと考えられるのである。

そして一三世紀後半の宇治にはもう一人重要な人物がいた。西大寺の再興を通じて教団を形成し、密教と戒律の融合をはかり、後の真言律宗の基礎を築いた叡尊である。鎌倉との交流も深く、文永・弘安の役に際しては畿内の社寺で異国降伏の祈祷をおこない、普賢寺関白近衛基通の遺女をはじめとする多くの朝廷関係者の帰依を受けた彼は、弘安四年（一二八一）に平等院の要請で宇治へ入り、弘安九年（一二八六）に破損が著しかった宇治橋の再興をなした。現在浮島に建つ十三重石塔は、それに先だっておこなった殺生禁断の作善《さぜん》を標したものである。従って一三世紀代の宇治は、宇治橋を利用した陸上交通の要衝としての重要性が変わることなく続いていたのである。

▼石鍋を運んだ人々と、石鍋を使った人々

鎌倉時代を中心にして、西彼杵半島でほとんど独占的に作られ、西日本の各地と鎌倉および東国の一部に運ばれて使われた特殊な煮炊き具について見てきた。その出現は平安時代後期に遡り、最初に使われた場所は北部九州と南西諸島に限られていた。ところが、鎌倉時代後半を過ぎる頃から急速にその分布は東へ広がり、商人や職人も利用するほどに普及する。その時石鍋は、中世前半の都市をつなぐ、当時最も長い距離を運ばれてきた商品でもあったことになる。当時の煮炊き具には鉄製品もあり、土製品も使われていたにもかかわらず、破損しにくいという点を除き、ほかの煮炊き具に比べて有利な点が多いとは思えない石鍋を、誰が何のために運び、また使ったのだろうか。

この謎を解く鍵は、「商人や職人」との関わり、そして鎌倉の卓越性にある。

鈴木氏が指摘するように、石鍋が鎌倉の前浜地区で使われていたことや、京都市内の分布の中心の一つが京都駅前であることは、石鍋の利用者に商人や職人がいたことを示し、宇治の木幡で石鍋が目立つことは、商人や職人を含めた流通業者など、都市とその周辺で経済活動に従事していた人々が、石鍋と関係していたことを示す。

また網野善彦氏は、弘長元年（一二六一）三月十七日の「力王丸田畠家財譲状」に記された家財に、「都市の住民としての特質」が良く現れているとしたが、その中に石鍋が含まれている。力王丸は仁和寺の牛飼童であるが、商業や交通にも関わっていたと考えられており、鈴木康之氏が注目するように、この事例も、石鍋が都市的な経済活動にかかわった商品だったことと深く関係している可能性がある。またこれは、東日本の石鍋の分布を整理した石塚宇紀氏が、石鍋の見つかる遺跡に都市遺跡や寺院などが多いとすることと重なる。

ただし、都市的な経済活動に関わっていたと言っても、石塚氏が明らかにしたように、東日本における石鍋の出土破片数は、鎌倉遺跡群を除けば一つの遺跡に対して一～二点ほどであり、一般的な商品として恒常的に供給されていたとは考えがたい。

それでは都市的な経済活動に加えて、石鍋が持っていた要素は何だったのだろうか。

それに関係するのが鎌倉の卓越性である。東日本は言うまでもなく、厳密な数量計測はできていないが京都もまた鎌倉には及ばず、おそらく草戸千軒町遺跡も同等か、あるいは鎌倉がより多いのではないかと思われる。その意味で鎌倉の卓越性は、製作地に近い北部九州に匹敵するのではないかと思われる。そう考えると、一三世紀後半の石鍋は、ひとえに鎌倉のために作られ、鎌倉を目指して西彼杵半島を出たことになる。

石鍋と鎌倉との関わりについては、その独占的な製作地であった西彼杵半島の中世が、鎌倉と深く関わっていたことは先に見てきた通りであり、その中でも北条氏が強く関わっていたことは高橋慎一朗氏も指摘しており、鈴木氏は宇部市域の石鍋製作地についても北条氏の重要拠点であったとしている。従って、石鍋を運んだ人々の背景に北条氏が関わっていたことは確実とみて良いだろう。

それでは石鍋を使った人々の背景にあったのは何だろうか。

その時に注意したいのが、鎌倉時代の京都駅前周辺と鎌倉とのもう一つの共通点である。鎌倉時代の京都駅前は、「七条町」の時代、高級な中国陶磁器を出土する場所でもあり、その背後にいたのが平氏に代表される新興の武士層だった。

鈴木氏がまとめた石鍋の歴史に戻れば、石鍋が日本列島に登場した時、そこに宋の商人の存在があった。一三世紀後半にはそれが鎌倉と東福寺に変わるが、先に見たように博多の承天寺もまた西彼杵と関係があった。承天寺は東福寺の末寺で、承天寺の有力な開基壇越は日宋貿易を展開していた宋商人謝国明だった。『元亨釈書《げんこうしゃくしょ》』によれば、彼は宝治二年（一二四八）に当寺が焼失した時には、一日で一八宇を建立したと言われ、承天寺は日宋貿易の重要な拠点だったと考えられている。

東福寺が中国交易に積極的だったことは新安沖沈船が示している。鎌倉時代の石鍋もまた、中国と強い関係があったのである。

鎌倉と「七条町」に共通するもう一つの要素は中国陶磁器であるが、それは石鍋以上に遠隔地交易を代表する商品でもある。鎌倉時代の石鍋の需要には、中国陶磁器の需要に限りなく近い構造が見られるものと考える。

鈴木氏は、口縁部直下に対の把手を付けた出現期の石鍋の形態が国内では見られないことや、北部九州と西南諸島に限られた分布などから、石鍋を宋商人が博多に持ち込んだ生活文化の一部と見る。大いに賛成である。

石鍋は中世都市の中でも、経済活動に関係した人々とのつながりが強く、さらに中国交易に携わった人たちと、より強いつながりがあった。石鍋が多く見つかる場所とは、中国交易の影響がより強い場所で、中国文化の影響を受けた人々がいた場所だったと考えられる。そこには、高橋氏が言うように禅僧の姿があった可能性があり、または、中国との交易によって新しい文化を取り入れた武士層の好んだ料理があったかもしれない。その意味で石鍋が目立つ場所は出現期の中世都市を象徴する場所であり、石鍋は中世都市を代表する商品だと言えるのではないだろうか。

V

中世都市遺跡を歩く

日本列島の各地には、発掘調査がおこなわれていなくても、現在残っている寺社や地名、そして伝承と地理地形などから、かつて繁栄した都市の姿を復原できる場所がある。ここではそういった視点から、関連する歴史文化情報を探索する中で、浮かび上がってきた様々な中世都市の姿について、寺社の門前や陸上や河川および海上交通の要衝、そして荘園などをキーワードに考えてみた。

これまで、中世都市の代表としてとりあげられてきたのが鎌倉・博多・草戸千軒であったように、その特徴は、いわゆる港町で表現されることが多い。けれども、ひとくちに港町と言っても、立地環境や地域性、そしてその背後に何があったかで、役割が異なり姿を変える。さらにそれは陸上交通路と交わることで、別の貌を見せることもある。

宮、寺、里、谷、道、館、城、海、川、浦、浜など、様々な場所と地域で見られた一筋縄ではいかない中世都市と都市遺跡の姿を、現在の風景の中から読み取ってみたい。

一　宮と寺

六所宮門前（東京都）と善光寺門前（長野県）

◎交通機関
六所宮門前：
京王線 府中駅から徒歩5分
善光寺門前：
JR信越本線 長野駅から徒歩30分

京王線府中駅を南に出て、南北に続くけやき並木の通りを南に進むと、大國魂神社（武蔵国の総社である六所宮）の大鳥居が見えてくる。平安時代が起源のこの宮は、武蔵国衙の推定地にあり、鎌倉時代には北条政子の安産を祈願した寺社の一つとして『吾妻鏡』に登場する。これらの記録は、この宮とこの地が、古代以来、武蔵の重要地点だったことを示す。

地形と交通もそれを物語る。府中の中心部は、北の国分寺から続く立川段丘上にある。南は多摩川で、六所宮は多摩川とその北の沖積低地を見下ろす立川段丘崖際に鎮座している。交通路を見れば、東西・南北それぞれ三本の道が六所宮と府中の街を交差している。けやき並木の道は六所宮の鳥居から出発し、府中街道は境内の西側を走り、旧甲州街道は鳥居の前を通過し、崖下の東西路は境内の中を横切っている。多摩川を意識した立地と街道の集まる場所が六所宮だと言える。

府中市郷土の森博物館の深澤靖幸氏によれば、古代・中世を通じて六所宮の重要性は変わらないが、古代末から中世前半の遺跡の中心は多摩川の旧流路に近い段丘下の沖積低地にあったと言う。大量の中国陶磁器やかわらけが見つかり、大型の区画溝や石敷き遺構が発見されている。陶磁器は多くの人々の生活と盛んな物流の様子を示し、石敷き遺構は倉の基礎の可能性がある。六所宮を見上げる場所で、川湊に接して館が設けられ、その一帯が宿や市の役割も果たしていたと思われる。

これに対して室町時代の風景は大きく異なる。遺跡

図 5-1　府中市美好町１丁目 381 次調査区で見つかった東西方向の大溝
（写真提供：府中市教育委員会）

の中心は段丘上に移り、なかでも府中街道沿いの本町には、埋められた銭甕や、倉とも推定されている地下式横穴が密集する。さらにその西には、細い谷と土塁を伴った薬研堀で方形に囲まれた高安寺が位置する。高安寺は足利尊氏の再建伝承を持つ禅宗寺院で、南北朝期から室町時代には、たびたび鎌倉公方の陣所として用いられた。この時期の府中は、多摩川を見下ろす段丘縁辺に沿って宗教の核である六所宮と政治の核である高安寺が東西に並び、その間におそらく宿も兼ねた商業ゾーンがあった姿として復原できる。

　この時期の府中を象徴するのはそれだけではない。高安寺の北や甲州街道沿い、けやき並木の西側などで、大規模な薬研堀が見つかっていることである。なかでもけやき並木西の薬研堀は八〇〇メートルにもおよぶ。これほどの大規模な薬研堀の区画は、これまで見つかっていない。深澤氏は、南北朝期の義堂周信の日記『空華《くうげ》日用《にちよう》工夫《くふう》略集《りゃくしゅう》』で「府中」が「武城」と呼ばれていることに注目する。想像をたくましくすれば、その風景は、緊張状態の高まった室町時代の京都が、「構」と呼ばれる多くの溝で区画された都市だった姿とも重なる。いずれにしても、全国の「府中」と呼ばれた地域拠点の姿を検討するための大きな手がかりであることは間違いない。

一方、本田善光伝説で東国を代表する古代寺院として有名な長野市の善光寺でも、中世前半に遡る門前の様子が明らかにされつつある。

長野市教育委員会の発掘調査によれば、表参道にあたる中央通りの西側から、現在の街区と少し異なる東西軸の薬研堀が発見され、同時に一三世紀後半を中心とする京都・鎌倉系のかわらけや東海と北陸の陶器と多量の中国陶磁器が出土した。これは、鎌倉時代の善光寺門前に街区に沿った館が並び、京都や鎌倉と同様な文化が営まれていたことを物語る。

鎌倉時代の善光寺については、『一遍聖絵』と共に藤原定家の『明月記』が手がかりとなり、信濃の国務を請けた定家の使者が、善光寺門前に「後庁」と呼ばれる政務を司る諸施設のあったことを報告している。善光寺に対して鎌倉幕府が強力に支援したことは有名で、信州大学の牛山佳幸氏は、これらを鎌倉幕府が対善光寺政策のために設けた現地の重要施設だったとしている。さらに出土遺物は、鎌倉と日本海側の文化がここで交流していたことを示す。鎌倉時代の善光寺門前は、単に宗教の場だけではなく、鎌倉と日本海をむすぶ政治・経済の重要拠点だったと言える。

現在の善光寺門前は、近世に北国脇往還の改修とともに伝馬宿に定められて以後の繁栄によるが、地形に注意しながらJR長野駅から善光寺に向かうと、一遍が歩いた頃の善光寺門前の姿が甦ってくる。今回の調査をふまえて鎌倉時代の善光寺周辺を復原すれば、本堂は湯福川の氾濫を避けるように現在の本堂から一段下がった平坦面（現在の仲見世）にあり、その南端から一直線でのびる参道の脇に幕府を代表する拠点施設や宿などがおかれ、その先に『一遍聖絵』に描かれた旧裾花川の支流である南北の観音川が流れる。あくまでイメージにすぎないが、その風景は三島や六所宮そして武蔵金沢の称名寺門前にも類似するように思う。

二　里の館

唐古氏館（奈良県）と江上館（新潟県）

◎交通機関
唐古氏館：
近鉄橿原線 田原本駅から徒歩30分
江上館：
JR羽越本線 中条駅から徒歩15分

奈良盆地のほぼ中央に位置する田原本町は、弥生時代の大集落である唐古・鍵遺跡で有名だが、同時に奈良盆地の中でも、大規模な濠で囲まれた中世館が最も密集している場所としても知られている。

唐古・鍵遺跡の楼閣のすぐ西からは、南北三五〇メートル、東西二六〇メートルにおよぶ大規模な室町時代の館跡が発見されている。館の周囲には幅約六メートルの濠がめぐり、『大乗院寺社雑事記』に箸尾氏の一族として登場する唐古氏の館と推定されている。

同町西部の十六面《じゅうろくせん》・薬王寺遺跡も東西南北が三〇〇メートルをはかる室町時代を中心とした館跡である。「上ノ殿」「蔵屋シキ」「保津北浦」などの小字名が残っており、保津氏との関係が考えられている。

さらにその西に位置する金剛寺遺跡は、南北三〇〇メートル、東西一〇〇メートルの規模で、一部に環濠や土塁の跡が残る。室町時代の大溝が見つかり、『続南行雑録』に見える「金剛寺城」と推定されている。

その他、同町の南東に位置する佐味遺跡は、『多門院日記』に登場する「佐味氏」の居館とみられ、同町北東部の法貴寺遺跡も、中心部の規模が一辺五〇メートルで、その周辺を二重あるいは三重の濠を巡らせた室町時代の館跡である

中世後半の大和は、筒井氏、十市氏、箸尾氏、越智氏などの有力な在地領主が分割支配し、このうち箸尾氏と十市氏が田原本町に近接して本拠を置き、その周囲に、それぞれの配下にあった金剛寺氏や佐味氏、味間氏、さらに唐古氏や小坂氏を配下においた法貴寺一

党などが館を構えていた。町内に多く見られる館跡は、これらの領主居館だった可能性が高い。

このように田原本町に中世城館が集中する理由について、唐古・鍵ミュージアムの藤田三郎氏は、同町の中央を奈良盆地の南北幹線である下ツ道（朱雀大路ラインで近世の中街道《なか》で現在の国道二四号線西隣）が縦断している点に加え、奈良盆地を東西につなぐ道が走っていることに注目する。中でも同町の中央を横断する保津・阪手道は、西の先が河内への出入口へ向かい、東の先は十市《といち》を経て盆地南東部の桜井へ向かう。また町の中央を南北に流れる寺川の存在も見逃せない。田原本町は奈良盆地の中で最も重要な水陸交通の要衝だったのである。町内の館跡から、畿内では稀な東海の揑鉢や瀬戸内産のかわらけなどが出土することもそれを物語る。

加えて室町時代の田原本町中心部には、二〇にもおよぶ子院を持った楽田寺が鎮座し、箸尾氏が支配して桧物《ひもの》を売るサカテ座と十市氏が支配して桧物を作る田原本座があった。おそらく楽田寺の門前には市がたっただろう。中世の田原本は、農業は言うに及ばす街道を通じて商人と職人が行き交う商工業の盛んな都市的な場だったと思われる。

同様な室町時代の国人級領主居館として対比されるのが、新潟県中条町（胎内市）に所在する江上館である。館は、羽越本線の中条駅から徒歩で約一五分ほどの平坦な段丘低位面に立地する。一町四方の主郭と、その南北に付属した郭から構成され、主郭の周囲には土塁と幅九・六〜二〇メートルの濠がめぐる。一五世紀代を中心とした珠洲焼などの国産陶器と、中国陶磁器や京都系の手揑ねかわらけなどの遠隔地交易品が大量に出土した。

また近接した場所からは、南北六〇メートル、東西六〇〜八〇メートルの溝で区画された、鎌倉時代後期の館跡（坊城館）も見つかっている。したがって江上館の周辺は、鎌倉時代後期以来連続して重要な場所だったことになる。

図5-2　薬王寺八幡（著者撮影）

このような江上館周辺の歴史的な背景について、胎内市教育委員会の水澤幸一氏は、この場所が領内の水系をおさえる位置にあり、陸上交通の要衝でもあったこと、さらに奥山荘の南西にあった塩津潟などの潟を経由して、日本海とつながる水上（海上）交通に有利な地であったことに注目し、江上館を三浦和田一族につながる中条宗本家の館に、坊城館を地頭屋敷に推定している。

江上館の所在する奥山荘は、「波月条《なみつきじょう》絵図」で有名な、胎内《たいない》川扇状地とその下流の沖積平野を中心とする摂関家領荘園で、開発領主の城《じょう》氏が平家滅亡で衰退した後、地頭として入ってきたのが相模の豪族三浦和田義茂だった。同荘南部の金山《かなやま》郷地頭職は、一時期武蔵金沢称名寺《かねさわしょうみょうじ》が所有しており、武蔵国六浦荘和田を名字の地とした三浦和田氏の出自をふまえれば、水上（海上）交通に対する指向が、この地の特徴であったことは想像に難くない。ネットワークの視点で館を見直すと、地域社会の実像が浮かび上がってくる。

三　谷の館

江ノ村（高知県）と北畠氏館（三重県）

◎交通機関
江ノ村：
土佐くろしお鉄道 国見駅から徒歩60分
北畠氏館：
JR名松線 伊勢奥津駅から車12分

四万十川の河口に近い中村市（四万十市）は、建長二年（一二五〇）以来、一条家の荘園として発展してきた土佐を代表する中世都市である。特に応仁二年（一四六八）に一条教房が下向して以後は、後川《うしろがわ》を鴨川にみたてて京にならった町づくりがおこなわれ、また日明貿易船が土佐沖を通過するようになると、中村の外港にあたる四万十川河口の下田は、中継基地としての役割を果すようになり、経済的に大いに発展した。その意味で中世の中村は四万十川沿いに形成された港湾都市だったと言える。

その四万十川右岸には、一条氏家臣で本領を安堵されたり、地替されて長宗我部氏に臣従した者の所領が多いが、なかでも中村市の西で合流する中筋川下流域は、高知県の松田直則氏による遺跡の調査と、特に江ノ村の詳細な研究により、中世の様相が明らかになってきている。

江ノ村は中筋川を四万十川との合流点から約一〇キロさかのぼった右岸に位置する。村は、中筋川支流の江ノ村川に沿った狭い谷の中と、谷を出て中筋川合流点まで広がる平野部に分けられ、後者の一角で中世の集落跡が発見されている。一方谷の中は、中央を江ノ村川が流れ、谷の入口にあたる尾根上に「五社神」がまつられ、谷の奥には神奈備形の低い山が座る。谷幅の最も広い部分に「ヤシキドイ」の字《あざ》があり、その場所にはあたかも堀跡を示すような区画も存在している。そして谷を見下ろす西の山の麓には「ゲシヤシキ」「イバヤシキ」の字名がならび、そこを登った西の山の頂には江ノ古城が築かれている。

このような谷の館の最も典型的な事例と言えるのが、南朝勢力を代表する北畠氏館とその周辺である。

一志郡美杉村（津市美杉町上多気《かみたげ》）に所在する北畠氏館跡は、中世伊勢の代表的な港湾都市である安濃津《あのつ》のすぐ南を流れる雲出川支流の、八手俣《やてまた》川によって形成された狭い盆地に立地する。最寄りの駅はJR名松線終点の伊勢奥津駅で、館跡はその東の山を越えた五キロほど先に位置する。

現在、必ずしも交通が至便とは言えないこの地であるが、室町時代の醍醐寺『満済准后日記』には「国司在所多気」と登場し、連歌師宗長が連歌の会を催すなど、京都の武士や公家、さらに文化人にも知られた土地だったことが知られる。

実は、館のすぐ南を東西に走る国道三六八号線は伊勢と大和を最短距離で結ぶ近世の伊勢本街道であり、八手俣川沿いに下れば雲出川を経由して安濃津につながっている。現在の感覚からは想像し難いが、伊勢国司であった北畠氏にとって、同国におけるネットワークの要としてふさわしい場所だったのである。

この北畠氏館を中心とする一帯の特徴をまとめれば、ネットワークの起点であること、盆地の最も広い平坦面で川に面して館が営まれ、その背後に山城が築かれていること、館の対岸に川と平行する直線道路がみられ、寺院や武家屋敷が並んでいたと推測されること、そして谷の北には、この谷全体を見渡す位置に金国寺と金生明神が鎮座し、空間全体が寺社で囲まれていることになる。

このような特徴は一乗谷朝倉氏遺跡の景観と共通するが、同時に、土佐中村の一条氏、和泉日根野の九条氏、伊勢多気の北畠氏といったように、その地の盟主が京都と関係の深い人物だったことも共通する。一乗谷朝倉氏遺跡の空間構造は、『上杉本洛中洛外図屏風』に描かれた戦国時代の上京の空間構造と共通しているが、これらの地域拠点の姿もまた、同時期の上京にならった可能性がある。

四　道の館

東海道見付国府《みつけのこふ》（静岡県）

◎交通機関
ＪＲ東海道線　磐田駅から徒歩30分

近世の磐田市中心部は、見付宿として東海道を代表する拠点都市だったが、その起源は古代に遡る。中世では遠江国守護所が、古代では遠江国府が置かれ、それらの関係諸施設が、いずれも東海道に面していた。

現在の見付はＪＲ東海道線の約二キロ北に位置する。街の中心部を東西に旧東海道が走っており、東から来た旅人は、見付天神社（矢奈比売《やなひめ》神社）が鎮座する磐田原台地を越え、東光寺跡を横目に見ながら急な坂を降りて見付に入る。

降りて間もなくの中川を渡ると、その北が大見寺である。この場所は平安時代の遠江国府跡と中世の守護所に推定される見付城および見付端《みつけは》城跡にあたり、元禄年間の「大見寺絵図」から、南北に並ぶ二つの方形館が推定されている。なお現在、大見寺境内に土塁の一部が残る。

大見寺から道を隔てて西に位置しているのが省光寺で、一遍の遊行を迎え、弘安五年（一二八二）に真言宗から時宗に改宗したと伝える。そしてその南西に隣接しているのが、遠江国総社の淡海国玉《おうみくにたま》神社で、その西の台地先端（塔之壇）からは、平安時代の経塚も見つかっている。東西を磐田原台地に挟まれ、地理的にも見付の中央にあたるこの場所は、総社と政治拠点が集中する見付の中枢として、最もふさわしい場所だったと言えよう。

旧東海道は、総社の南をさらに西へ進み、『吾妻鏡』に登場する蓮光寺跡を過ぎて、磐田原台地の西を流れる加茂川の手前で南に折れ曲がる。南下した直後に加茂川を渡るが、その西に位置しているのが、やはり一遍にちなむ西光寺である。文永二年（一二六五）の創

図 5-3　見付の町並み（木村弘之氏撮影）

建であるが、弘安六年（一二八三）の一遍の遊行を迎えて改宗したとされ、『一遍上人年譜略』に見られる遠江国布教と符合する。

道はここから緩やかに磐田原台地の斜面を登り、登り切った所に位置しているのが、国分尼寺跡と国分寺跡および府八幡宮である。府八幡宮は、天平年間（七二九～七四九）に遠江国司桜井王が国府の守護として勧請したと伝わる。遠江国守護今川範国の建武元年（一三三四）の史料に登場し、中世に大きな勢力を持っていたことが知られる。

旧東海道はその後台地上を南下し、現在のＪＲ磐田駅のすぐ北で西へ折れ、天竜川の渡河地点へ向かう。そのＪＲ磐田駅の南に位置するのが中泉で、奈良時代は見付に移る前の遠江国府推定地として関連する建物跡が発見されており、鎌倉時代についても、大工道具一式を副葬した墓が見つかり、集落のあった可能性が指摘されている。

このように中世の見付とその周辺は、旧東海道に沿って政治の中枢施設や主要社寺が並ぶ、街道沿いの都市だったと言えることになる。ただし中世都市見付の特徴はそれだけではない。磐田市教育委員会の木村弘之氏は、このような見付の都市景観を生み出した背景に、現在の街並みからは想像できないような、見付周辺の特異な地理環境があったことを指摘する。

古代・中世の見付南部には、『万葉集』に登場し、遠江の国名の由来となった「遠淡海」にあたるともされる大之浦の入江が、中泉のすぐ南まで広がっていた。現在中泉の南に位置する大池はその痕跡と言われているが、木村氏は北の丘を背にし、南の大之浦に面する中泉の風景を平城京や平安京と対比し、地方官衙の選地について考察を進める。

中世においても永享四年（一四三二）の『覧富士記』に見える「今のうら（今之浦）と申入海あり、湖水也」の記述にしたがえば、中世見付の主要施設は、東海道に沿うと同時に、今之浦の水面《みなも》にも臨んでいたことになり、その空間構造は、木村氏が示した中泉と大之浦の関係にも対比される。

さらに注目されるのは、見付の南東で遠州灘に近い、現在の太田川左岸から発見された元島《もとじま》遺跡の存在である。この遺跡は一二〜一六世紀に営まれた集落遺跡であるが、一三世紀後半頃から海上交易と内陸交易の積替地としての機能を始め、一五世紀にはピークを迎えたと考えられている。

中世の元島集落は、現在合流して遠州灘に注ぎ込む旧原野谷川と旧太田川に東西をはさまれた位置にあって、集落の北には今之浦が広がっていた。集落から東へ向かえば旧原野谷川と潟湖を経て掛川市の横須賀河口へつながり、北上すれば伊勢神宮領鎌田《かまた》御厨の神明宮が鎮座し、北西へ進めば見付につながっていた。その風景は、越後国奥山荘とその南に連なる潟湖の関係にも類似し、その役割は備後の草戸千軒と対比されるようにも思う。

このように一の谷中世墳墓群で有名な中世の見付は、一義的には東海道に沿った館を中心とする中世都市ではあるが、視野を広げれば、天竜川をはじめとする河川交通や東海に大きな影響力を及ぼした伊勢神宮の海上交通、そしてそれらをつなぐ港湾都市など、中世の地域社会を構成する様々な要素が関連してダイナミックに再現される中心でもあると言える。

五　道の城

松尾城（長野県）と根城（青森県）

◎交通機関
松尾城：
ＪＲ飯田線　伊那八幡駅から徒歩35分
根城：
ＪＲ東北本線　八戸駅から徒歩40分

諏訪湖を水源として長野県南部を流れる天竜川は、日本最大の河岸段丘発達地域として有名だが、伊那谷の中心都市である飯田市周辺は、中世後半に、その河岸段丘の縁辺を利用して多くの城館が築造されていることでも知られている。

ＪＲ飯田線に乗って飯田駅から南へ四つ目の伊那八幡で降りると、すぐ西に鳩ヶ嶺八幡宮の鎮座する段丘崖が見える。信濃国守護小笠原政康の子光康を祖とする松尾小笠原氏の居城である松尾城は、この段丘を上がった約一キロ南に位置する。現在の浜松市から飯田城下へ向かう遠州道や、やはり現在の浜松市から伊那山脈を越えて飯田城下に向かう秋葉道がこの段丘崖の下を起点とし、現在の岡崎市から塩尻市へ向かう伊那往還（三州街道）が段丘上の名古熊台地を走っていた。武田信玄の南信濃攻略の重要拠点ともなった東海と信濃を結ぶ交通の要衝だったと言える。

松尾城は一般に連郭式の平山城と呼ばれる。城の中心部は南北を狭い谷で挟まれた尾根の先端に本郭を設け、その西に空堀を隔てて二の郭、更に空堀を隔てて竜門寺屋敷や元本城・北本城の地名を残す。けれども松尾城の姿は、これだけでは語ることができない。松尾城中心部の北には狭い谷を経て平坦地が広がり、発掘調査により溝で区画された館や緑釉天目茶碗が見つかっている。おそらく家臣の館が営まれた地区だろう。そしてその北の段丘下に鎮座しているのが先の鳩ヶ嶺八幡宮である。したがって松尾城は隣接する武家屋敷地区および、段丘下の鳩ヶ嶺八幡宮と街道沿いの町場

図 5-4　松尾城跡（著者撮影）

を含めた広い範囲を取り込んだ南信の拠点都市であり、中世後半の地域拠点を代表する遺跡景観だと言える。

なお段丘下にも、鳩ヶ嶺八幡宮からまっすぐ東へのびる道の脇に、同じ松尾城の地名が残り、現在でも地形と地割からその跡を確認することができる。段丘上の松尾城に先行する時期の遺構とも考えられる。

このような松尾城とその周辺の風景に最も近いのが青森県八戸市の根城である。

根城は、南部師行が建武元年（一三三四）以来、北奥羽支配の拠点とした城館である。八戸市の中心部から西へ約二キロにあたる馬淵《まべち》川下流の右岸段丘縁辺に立地し、八つの郭から構成されている。北には馬淵川を隔てて八戸の穀倉地帯が広がり、北東は太平洋に注ぐ馬淵川河口を望む水陸交通の要衝である。八戸市教育委員会の佐々木浩一氏は、南部氏に関係する城館は、河川や街道に沿った段丘上に近接して立地し、薬研堀で区切られた連続する複数の郭で構成されているとする。いわゆる山城が見られないことも、この地域の特徴だとする。また根城の郭構成からは、重臣の館や根城の祈願所であった東善寺の存在がうかがわれると言う。

これらの特徴はいずれも松尾城とその周辺の風景と類似する。根城の南部氏と松尾城の小笠原氏は共に甲斐を出自としている。城館造営との関わりが興味深い。

ところでこのような、南信における松尾城周辺の重要性を、鎌倉時代に遡って確認できるのが、松尾城から名古熊台地を西へ行った伊賀良の殿岡である。古代東山道の育良《いから》駅とも推定されるその地は、「吾妻鏡」文治四年六月四日条によれば、地頭が北条時政であったとも推測され、その後北条氏一門の江馬氏が地頭を継ぎ、弘安年間(一二七八~八八)には、日蓮と親しい四条金吾頼基が江馬氏の地頭代として居住していたことがわかっている。

四条頼基が住んだ殿岡には、現在堀ノ内・古屋敷・公文所などの字名が残っているが、方形の地割の残る堀ノ内は、育良神社の近くからひかれた水路を東の境とし、水路沿いに続く道の先には八幡宮が鎮座している。この水路沿いに集落が形成され、名古熊台地の開発がすすめられたことをうかがわせる。また公文所地名の場所は微高地となっており、土塁の痕跡かと思われる高まりも見られる。東海から信濃への玄関口にあたる貴重な中世前半の地域拠点の風景である。

六 寺の城

普賢寺（京都府）と白山平泉寺（福井県）

◎交通機関
普賢寺：
ＪＲ学研都市線 同志社前駅から徒歩20分
白山平泉寺：
えちぜん鉄道勝山永平寺線 勝山駅から車20分

京都府京田辺市の同志社大学京田辺キャンパスとその南の丘陵に所在する室町時代後半の館群である。普賢寺谷は、南北を丘陵に挟まれた東西に長い谷であり、その中央を、山城・河内・大和の境界が交わる高船を源流とする普賢寺川が流れる。

木津川が古代・中世において畿内を代表する南北の大動脈だったのに対し、普賢寺谷は北河内から近江に抜ける東西ルートとしての役割を果たし、古代では三山木の山本駅から河内の樟葉へ一日の行程が記され、中世末期には徳川家康の逃亡ルートとして歴史の表舞台に登場する。

普賢寺谷館群は、この普賢寺谷の開口部に近い南北の丘陵斜面を削りだし、土塁で区画された連続する郭から構成されている。分布調査と発掘調査により一五世紀代に遡る陶磁器が発見され、少なくとも四カ所の館跡があり、また一般集落では見られない青白磁壺の出土から、館の主は名主クラス以上だったこともわかっている。

この遺跡の性格を考える時に重要な意味を持ってくるのが、館群の西に接する観音寺所蔵の「興福寺別院山城国綴喜郡観心山普賢経法寺四至内之図」である。絵図は天文二年（一五三三）に再画されたという正長元年（一四二八）の銘を持ち、観音寺を中心に多くの館が描かれている。この絵図の史料研究は別に必要だが、発見された館跡や陶磁器類をふまえれば、一五世紀代のこの谷には絵図のような多くの館群と集落から構成される都市的な景観が広がっていた可能性が強

図 5-5　普賢寺谷新宗谷館跡（著者撮影）

い。さらに普賢寺谷の奥に位置する朱智神社の記録によれば、神事にあたった家筋の朱智・息長・三国氏が分家した名称の一部が普賢寺谷内の地名に対応しており、館の主を示す可能性がある。

このように寺院を中心に館が密集して築かれる特徴は、白山平泉寺（福井県）や根来寺（和歌山県）など、中世後半の寺院型城塞都市と共通する。

白山平泉寺は九頭竜川を通じて日本海に通じる福井県勝山市に所在する。立山・富士とともに日本三霊山の一つであった白山大御前の山神を祀り、白山参道の正面口にもあたる修験の拠点である。泰澄が養老元年（七一七）に夢告を受けたことによって開山し、九世紀までに白山権現の祭祀と白山禅定の修行組織ができた。平安時代末期に比叡山延暦寺末となって勢力を増し、木曾義仲に呼応して平家の追討に参加、南北朝期には当初は南朝方につくが、後に足利方につき、また戦国期には朝倉氏と関係を持ち繁栄し、盛時には四八社、三六堂、六千坊が山麓に建ち並んでいたと伝えられる。

発掘調査により、幅約三メートルの石畳道と、濠や石垣で囲まれた坊院跡が多数発見され、室町時代を中心として雛壇型に造成された城塞の観を見せていたことがわかった。また「安ケ市」などの地名と鉄滓《てっさい》の出土から、南谷の西側には市や工房があったことも推定されている。出土遺物には日常雑器や仏具と共に茶器や鎧の破片および、大量の銭も出土している。活発な経済活動と多彩で高い文化生活が営まれていたことがわかる。

七　海の城

勝山館（北海道）と勝連《かつれん》グスク（沖縄県）

◎交通機関
勝山館：
ＪＲ江差線 上ノ国駅から徒歩45分
勝連グスク：
那覇バスターミナルからバス 西原バス停下車徒歩10分

渡島《おしま》半島南部の上《かみ》ノ国《くに》町に所在する勝山館は、夷《い》王《おう》山の斜面を利用して築かれた中世城館である。初代城主は松前氏祖の武田信広で、館内にあった館神《たてがみ》八幡宮の記録から、築造は文明五年（一四七三）以前と推定されている。館の中心部は三段の平坦面から構成され、発掘調査により平坦面を区切るV字壕や多くの建物跡が発見され、大量の中国陶磁器に代表される四万点以上の陶磁器をはじめとして、木製品や武器を含む金属製品および鍛冶関連の鉄滓《てっさい》など多彩な遺物が出土した。

これまでの主な研究は丘陵斜面の館本体に集中する。けれどもマクロ的に見れば、勝山館の東には、南東から天の川が日本海に向かって流れ込み、北には「無碇」の字名を持つ大潤《おおま》湾が広がっている。日本海交通の要衝であり、同時に天の川を通じて木《き》古内《こない》から函館へもつながる道南ネットワークの要の場所である。館は、この港を見下ろす丘陵とその斜面を利用した複数の郭から構成され、さらにその先には墓地と神奈備形の夷王山山頂が配されていた。

このような勝山館の特徴は、敏満寺遺跡（滋賀県）や富田城（島根県）と類似するが、最も注目されるのが沖縄県のグスクである。

勝連グスクは沖縄本島南東部の勝連半島南岸に位置する。勝連半島はその南に脊梁状の丘陵をもち、北岸は平坦な低地がひろがる。勝連グスクはこの丘陵の稜線を利用して築かれ、独立したその最高峰（標高約一〇〇メートル）に一の郭をおく。なお丘陵頂部西側は

図5-6　勝連グスク跡（著者撮影）

絶壁となっており、沖縄本島の南西岸を見渡すことができる。豪族阿麻和利の居城として知られ、『おもろそうし』には、その繁栄が鎌倉にたとえて謡われている。

出土遺物は、沖縄貝塚時代からグスク時代までの長期間にわたるが、基壇及び館は一四世紀中頃から後半頃に築かれたと考えられている。グスクの中心部は雛壇型に造営された四つの郭から構成され、最頂部の一の郭からは高麗系の瓦が見つかっており、瓦葺きの礎石建物が推定されている。二の郭には大型建物が建ち、儀式にかかわる遺構も発見されている。三の郭はその前庭部で、四の郭には井戸と作業場と推定される家屋があったと考えられている。グスクについては、「聖地」「集落」「城」といった様々な視点から研究が行われているが、一四・一五世紀代の多彩な出土遺物をふまえれば、対外交易の拠点としての役割も強い。

勝連城と勝山館とに共通する特徴は、①聖地があること、②海を見下ろす（水上交通を意識した）丘陵上に立地すること、③城塞施設を持つこと、④丘陵を細長く利用し、その両側に谷地形を配すること、⑤内部に生活と生産の空間があることである。ほぼ同じ時代に、日本列島の北と南で共通するこれらの特徴は、あたかも東アジアとの交流を背景に築かれた「海の城」と表現できるだろう。

八　海の津

草戸千軒（広島県）と西大寺観音院門前（岡山県）

◎交通機関
草戸千軒：
ＪＲ山陽本線 福山駅から徒歩25分
西大寺観音院門前：
ＪＲ赤穂線 西大寺駅から徒歩15分

中世瀬戸内の港湾都市を代表する草戸千軒町遺跡は、ＪＲ山陽本線福山駅の西を流れる芦田川の河口に近い中州に所在する。

草戸千軒町は、一七世紀後半に水害で流されたとされてきた伝説の町だったが、昭和五年（一九三〇）の治水工事で大量の陶磁器などが見つかり、その存在が明らかとなった。昭和三六年（一九六一）に初めての発掘調査がおこなわれ、昭和四八年（一九七三）には「広島県草戸千軒町遺跡調査研究所」の前身組織が設置された。その後の三〇年にわたる調査・研究の結果、一三世紀中頃から一六世紀初めに営まれた草戸千軒町の姿が明らかになり、また豊富で多彩な出土遺物は、中世社会の研究を大きく前進させる原動力となった。

広島県立歴史博物館の鈴木康之氏によれば、町の変遷は大きく四つの段階に分けられる。町が姿を現すのは一三世紀中頃で、中州の北側に東西と南北の道ができ、それに面して一部を溝で囲まれた中心区画（館など）が築かれる。町が大きく発展するのは一四世紀前半で、中心区画の南側には短冊形に町屋が並び、堀割が整備される。町屋の中には、鍛冶の跡や倉庫が見つかっているものもある。鈴木氏はこのような遺跡の様子から、堀割に小舟が浮かび、商人と職人で賑わった市の風景を読み取り、その背景として、遺跡の西方にあった長和荘《ながわのしょう》の地頭長井氏の存在を推測する。また遺跡の西に鎮座する西大寺流律宗の常福寺（現明王院）も密接な関係をもっていた。

一四世紀後半に一旦町の活動は停滞するが、一五世

図 5-7　草戸千軒実物大復原
（写真提供：広島県立歴史博物館）

紀には再び賑わいが戻ってくる。かつての中心区画に接する堀割には石積みの護岸が施され、その近くに土蔵が築かれる。出土した木簡には、新興の金融業者と推定される「いまくらとの（今倉殿）」の文字が見え、この区画の住人が商業や金融に関係していたことを示す。さらに一五世紀末から一六世紀初頭には、調査区の南側に濠で囲まれた一辺一〇〇メートルの方形居館が出現する。鈴木氏は、このような一五世紀以降の状況を、在地領主の渡邊氏の動向と対比し注目している。

中世の福山湾は、海岸線が現在の福山駅の近くまで入り込み、芦田川は、遺跡の北で大きく東に蛇行して瀬戸内海に流れ込んでいたと考えられている。そのため、草戸千軒町は、まさに芦田川河口を臨む右岸に立地していたことになる。芦田川をさかのぼれば、備後一宮の吉備津神社を経て備後国府のおかれた府中につながり、遺跡を南北に貫く道を北へ行けば、二キロほどで中世の山陽道と交差する。

地域の政治拠点を背後においた水陸交通の要衝だっ

たことは明らかで、このことから鈴木氏は、草戸千軒町が備前南部の河川・陸上交通を瀬戸内海の海上交通に結びつけるための港湾集落で、兵庫津に代表されるような、基幹航路の津とは直接結びついてはいなかったが、地域経済の拠点としても重要な役割を果たしていたとしている。

ところで鈴木氏も指摘しているように、瀬戸内海沿岸の主要河川の河口近くには、同様な集落が存在しており、おそらくそのうちのひとつと思われるのが、JR赤穂線西大寺駅の南に位置する西大寺観音院の門前である。

中世から金岡庄の湊町で、元亨二年（一三二二）に作成されたと伝えられる「西大寺境内絵図」などによれば、門前には定期市が立ち、酒屋・魚座・餅屋・莚座・鋳物座などがあったと言う。また近世には瀬戸内海から吉井川へ物資の積替地として、南接する金岡湊も繁栄したと言われる。

門前のあった金岡荘は、一二世紀前半の成立と考えられ、領家職は藤原（勧修寺）惟方から奈良興福寺円雄へ伝領され、さらにこのうち東庄の領家職は奈良西大寺末額安寺へ、そして一五世紀半ばには東西両荘の領家職とともに京都北野社に移っている。

吉井川河口のすぐ南東には、水門湾と呼ばれる入江があり、その奥に鎮座しているのが、『一遍聖絵』に登場する備前藤井の政所の候補とも言われる西大寺一宮の阿仁《あに》神社である。一方、吉井川をさかのぼった先は、山陽道をひかえた備前福岡市（現・瀬戸内市長船町）である。備前国府推定地の岡山市国府市場を背後にひかえ、瀬戸内海航路と山陽道をつなぐ位置だと言える。古い港町の面影を残す西大寺観音院門前の風景は、草戸千軒町の姿を想像する時のヒントになるように思う。

九　川の津

園瀬川（徳島県）と万之瀬川（鹿児島県）

◎交通機関
園瀬川川西遺跡：
　ＪＲ高徳線 徳島駅から車20分
万之瀬川持躰松遺跡：
　ＪＲ鹿児島本線 鹿児島中央駅から車１時間30分

川西遺跡は、徳島市西部の上八万町に所在する鎌倉時代を中心とした園瀬川の港湾遺跡である。遺跡は眉山の南麓を園瀬川沿いに西へ向かい、園瀬川が大きく蛇行して四国山地の山並みに飲み込まれる直前の場所にあたる。徳島駅からバスでおよそ二〇分。臨海地区ではないが、それほど海から離れているわけではない。

発見された遺構は鎌倉時代から室町時代にかけて修復と拡張を繰り返しながら構築されたと考えられる石積護岸で、旧河道などから漆器椀や下駄、扇、将棋駒などの日常製品、斎串《いぐし》、人形《ひとがた》などの祭祀品、さらに柱材などの建築部材や木彫の蓮花などの多彩な木製品が出土し、一括で廃棄された鎌倉時代のかわらけや独鈷《どっこ》杵《しょ》の鋳型も見つかった。

発掘調査を担当した徳島県埋蔵文化財センターの近藤玲氏は、出土遺物の中に製作途中の木製品が見られ、土器製作の際の失敗品を捨てた土坑も見られることから、護岸施設に隣接して様々な工房や建築木材の加工場があったと推定している。

視野を広げれば、中世阿波の中心地は、徳島市からＪＲ徳島線に乗って眉山の北を西へ四駅行った先の府中周辺にあった。現在、国府地名と国分寺および国分尼寺跡が鎮座するこの地に入るには、吉野川を遡り、支流の鮎喰川を遡るのが第一のルートである。実は川西遺跡は、この府中地区から一宮橋で鮎喰川を渡り、眉山から南西に続く低い峠を越えたすぐ南に位置している。また川西遺跡の地名である「八万」は、元暦二年（一一八五）に摂津渡辺津から船出した源義経一行

図 5-8　川西遺跡（徳島県立埋蔵文化財総合センター提供）

が上陸した八万余戸浦《はちまあまこ》に関わるとも考えられている。

したがってこれらをふまえれば、川西遺跡は、紀伊水道から府中地区へ入るための第二のルートに伴う港湾施設であり、川西遺跡で出土した遺物は阿波府中に関わる可能性が最も強いと言えることになる。

ただしこの川津の運営主体については、祭祀や宗教に関係した遺物の多さと複数の工房の存在から、宗教勢力の姿も想像することができる。網野善彦氏による石清水八幡宮や日吉神人の研究で知られるように、鎌倉時代の経済活動には宗教勢力が大きな役割を果たしていた。

川西遺跡の東には、三七〇〇〇枚の一括埋納銭が発見された大規模な中世集落の寺山遺跡があり、その隣接地には、京都市峰定寺《ぶじょうじ》所蔵の永仁四年（一二九六）銘の梵鐘に記された「阿波国以西郡八万金剛光寺」があったとされる。その点で川西遺跡の考え方についても、金剛光寺や、あるいは八万（八幡）の存在が大きなヒントになると考える。

この川西遺跡と極めて類似した立地と環境にあるのが、鹿児島県金峰町（現・南さつま市）の持躰松《もったいまつ》遺跡に代表される金峰山麓の遺跡群である。

遺跡は、薩摩半島の中央部から金峰山を大きく巻いて流れ、旧金峰町とその南に接する旧加世田市の境を成す万之瀬川を、河口から約五キロ遡った右岸に立地する。一九九四年からおこなわれた発掘調査により、一二世紀後半から一三世紀前半を中心とした大量で多彩な中国陶磁器と国産の土器・陶器が出土し、南九州における東アジアの玄関口として大きな注目を集めた。

この遺跡は、枕崎から加世田を通って串木野につながる国道二七〇号線が万之瀬川を渡って旧金峰町に入ったその東側にあたるが、国道に架かる橋から北を見ると、その正面に金峰山がそびえ、その手前に段丘崖が横たわり、さらにその手前には、東シナ海を臨む吹上浜へと続く万之瀬川の氾濫低地が広がる。河口を僅かに遡り、氾濫低地から山間部に入る手前で陸路と交差する立地は川西遺跡と共通する。

さらに金峰山の麓には阿多・鮫島・二階堂各氏の居館があったと推定され、東北大学の柳原敏昭氏によれば、その南から海側に、倉町や市庭があった地頭所地区や、唐人原と呼ばれる地区もあったと考えられている。そしてそれらの核となっていたのが平安時代にさかのぼる観音寺だった。宗教勢力が中心となり、広いネットワークで経済活動をおこなっていた都市の姿がここにも見える。

一〇　浦の津

宮津（京都府）と六浦《むつら》津（神奈川県）

◎交通機関
籠神社：
北近畿タンゴ鉄道 天橋立駅から車25分
称明寺：
京浜急行本線 金沢文庫駅から徒歩15分

天橋立で有名な宮津の中世は、成相寺に代表される宗教文化の中心地であると同時に、国衙や守護所が置かれた政治の中心地でもあった。ただしその場所は現在のJR宮津駅周辺ではなく、天橋立の付け根に近い国分寺や籠《この》神社周辺を核としていた。

それを具体的に示すのが、籠神社と国分寺跡の中間に位置する中野遺跡である。発掘調査により、越州窯系青磁碗をはじめとする大量の中国磁器や李朝青磁・石鍋など、古代の終わりから中世の前半を中心とした遠隔地交易を示す遺物が発見された。またこの遺跡の北は、成相寺に向かう「本坂道」につながり、南は「溝尻」湊を経て、天橋立で宮津湾から区切られた阿蘇海《あそかい》を臨む。中野遺跡が示すこれらの状況は、政治と文化の中枢に必要な流通センターの機能も、この地に備わっていたことを示す。

その特徴を象徴するのが丹後一宮の籠神社である。既に『続日本後紀』嘉祥二年（八四九）二月二五日条に「奉授丹後国籠神従五位下」と見え、宮司家海部氏に伝わる平安時代成立の「籠名神社祝部《はふりべ》氏系図」には、始祖彦《ひこ》火《ほ》明命《あかりのみこと》から始まる海部直《あたい》氏の経緯が記されている。海部《あまべ》（海人部）とは、海産物の貢納や優れた航海技術で知られる人々であり、中野遺跡で見たような流通の中心機能に象徴される宮津の特徴は、この海部氏と籠神社に集約されると言っても過言ではないだろう。

境内からは、鎌倉時代末期とされる石造狛犬一対や、文治四年（一一八八）銘を持つ銅製経筒を出土した経塚が見つかっており。籠神社東の難波野条里遺跡からは、一三世紀代の中国製青磁碗が出土し、国分寺隣接地からも一二世紀代の瓦器釜が出土している。

おそらく籠神社から国分寺までの間には、中野遺跡に代表される館や町並みが広がり、西国三十三所観音霊場のひとつとして大きく発展した成相寺と共に、港湾都市が形成されていたと考えられる。

図 5-9　六浦と瀬戸神社（著者撮影）

宮津に比べて、当時の面影を直接うかがうことは難しいが、横浜市の金沢から六浦へかけての一帯にも、かつては非常によく似た風景が広がっていた。現在はすっかり都市化しているが、中世以前の金沢は、称名寺から野島へ緩やかに湾曲する砂州がのび、その西の平潟湾は京急金沢文庫駅の南西まで深く入り込んだ瀬《せ》戸内海《とうちうみ》と呼ばれる内海だった。したがっていささか強引ではあるが、瀬戸内海を宮津の阿蘇海にあて、称名寺から野島への砂州を天橋立に見立てれば、称名寺は籠神社の位置に対応することになる。

ただし仁治元年（一二四〇）の六浦大道（朝比奈《あさひな》切通）とされる道路工事に関係する記事を始めとして、鎌倉の外港として多くの史料に登場する「六浦津」は、瀬戸内海の南を画する瀬戸神社の岬から西の湾にあたり、その空間構造を宮津と全く同じに見ることはできない。

中世の「六浦庄《むつらのしょう》」は、現在の金沢区とほぼ重なり合う一帯と考えられており、その中に、「六浦津」のあった六浦郷（六浦本郷）、称名寺の所在する金沢郷、元仁元年（一二二四）以降に金沢北条氏の祖である実泰が居館を構えたとされる釜利谷《かまりや》郷および富田郷があった。このうち六浦《むつら》郷の名称が、武蔵国久良《くらき》郡鮎浦《ふくら》郷から転じたとも言われることや、瀬戸神社が源頼朝による伊豆三島明神の勧請を伝えるように、その地勢が海上交通の要衝で、かつ湊に適していたことは広く知られており、元仁元年におこなわれた鎌倉の四角四境祭に「六浦」があげられたのも、それが大きな理由になっていたと思われる。なお、現在の京急六浦駅北東にみえる三艘《さんぞう》の地名は、来航した唐船三艘に由来すると言われている。

一方実泰の跡をついだ実時は、宝治元年（一二四七）頃に、居館を現在の金沢称名寺隣接地に移し、称名寺は、実時が亡母の七周忌に際して、文応元年（一二六〇）に営んだ持仏堂がはじまりと考えられている。当初は念仏宗だったが、叡尊に深く帰依した実時が、文永四年（一二六七）に真言律宗に改めた。その後、様々な貿易品に関与し、北条得宗《とくそう》家と共に、嘉元三年（一三〇五）の瀬戸橋造営など、鎌倉時代を代表する国際港湾都市六浦の維持と運営に大きな役割を果たした。

中世都市鎌倉は、鶴岡八幡宮周辺の「政治地区」と由比ガ浜を中心とした「商業地区」による二元的な構造で説明され、実際由比ガ浜については、貞応二年（一二二三）の「海道記」によって「大津」や「大淀」に似た風景が広がっていたことがわかっている。けれども、とくに一三世紀後半以降の鎌倉については、六浦津や金沢称名寺を含めた多元的な構造も考える必要があろう。

その点で「鎌倉」・「六浦津」・「金沢称名寺」の三つの要素について見れば、「京都」にとっての外港的な役割を果たした「淀」、そして淀の門前でもあった「石清水八幡宮」との関係が思い浮かぶ。称名寺は、鎌倉極楽寺と共に東日本の律宗教団をまとめたとされており、石清水八幡宮の神人は、瀬戸内海沿岸から北部九州にかけての商業活動に、広く活躍したことが推測される。

六浦と鎌倉の関係は、鎌倉時代の日本列島全体の社会の仕組みに関わる問題を含んでいる。

二一　浜の津

堺（大阪府）と博多（福岡県）

◎交通機関

堺開口神社：
南海電鉄高野線　堺東駅から徒歩15分

博多息浜：
JR鹿児島本線　博多駅から徒歩20分

南海電鉄高野線の堺東で降りて西へ向かうと、まもなく高速道路の高架と重なる南北方向の広い道に出会う。ここが有名な環濠都市堺の東濠（土居川）跡であろう。ここから西へ向かい南海電鉄本線の堺駅手前の西濠（内川）に架かる吾妻橋までの東西約一キロ、南北約二・五キロの範囲中に、濠で囲まれた近世の堺の街並みが広がっていた。

けれども、現在に引き継がれたこの街並みは、慶長二〇年（一六一五）におきた大坂夏の陣の前哨戦でほぼ全てが焼失した後、徳川幕府によって復興・再生されたものであり、中世以前の堺の姿は、それとは大分違っていたと、堺市博物館の續伸一郎氏は指摘する。

千利休や伝説上の人物である納屋助左衛門（呂宋《るそん》助左衛門）の活躍から、中世都市堺は安土桃山時代に代表される港湾都市のイメージが強い。けれども堺が港湾都市の片鱗を見せるのは鎌倉時代に遡り、南北朝期は、和泉や河内南部への交通拠点として重視され、建武五年（一三三八）の北畠顕家と細川顕氏の戦いは、堺の確保にあったと言われる。

そもそも堺は、大阪湾岸の偏西風によって形成された砂堆上に立地する、大型船の停泊には不向きな浜の津だった。けれども鎌倉時代になると、熊野街道が、田出井山古墳付近と大山とミサンザイ古墳の西側を南下するルートから、環濠都市堺を縦断する現在の紀州街道のルートに変わったと考えられており、摂津・和泉に加えて、背後に大和をひかえた河内とも国境を接する堺は、この時期におこった流通機構の変化により、水陸交通の要衝として飛躍的に重要性が高まったのではないだろうか。

ともあれ南北朝期の終わり頃には、北朝が堺浦に係留された船舶に対して関銭を課しており、山名氏清は、和泉守護と摂津国住吉郡分郡守護に任命された時、堺に守護所を置いている。堺はこの時、経済だけではなく政治の中心地としても大阪湾を代表する港湾都市になったと言える。

南北朝期末から室町時代初頭にかけては、大内義弘が堺を支配下に置くことで瀬戸内海に勢力を広げ、戦国期には兵庫津が戦乱で打撃を受けたため、文明元年（一四六九）以後堺が遣明船の母港となった。大量で多彩な貿易陶磁器の出土と多くの史料に登場するその後の堺の発展についてはここで繰り返す必要はないだろう。

このような中世西日本の港湾都市を代表する堺について、續氏は当時の地形とこれまで見つかった濠や溝や道などを総合することにより、近世よりひとまわり小規模で、複数の環濠から構成された姿を推測する。

續氏によれば、中世都市堺は、おおむね現在の堺駅と堺東駅をつなぐ大小路《おおしょうじ》を境に、北の摂津国堺北庄と南の和泉国堺南庄とのふたつの地域から構成されていた。このうち堺南庄は、海岸線に平行して南北にのびる砂堆の中でも最も高い場所と段丘低位面にあたり、発掘調査によって、現在阪堺電車の走る紀州街道や大小路の前身と思われる道や、その南と東を区切る堀が、この地域を囲むように見つかっている。この道と堀で囲まれた中に鎮座しているのが開口神社で、同社は堺南庄の鎮守として、その神宮寺である念仏寺と共に大寺と呼ばれた。天永四年（一一一三）には開口・木戸・原村の三村が併合されて三村宮と言われ、祭神のひとつである塩土老翁神は海上交通に関わる神である。

一方堺北庄には幅の狭い砂堆がのび、その東に後背湿地が窪地となって広がっていたことがわかっており、やはり堺北庄の鎮守社として菅原神社が鎮座して

図 5-10　堺環濠都市遺跡 SKT19 地点の濠 SF001
(写真提供：堺市文化財課)

おり、その神宮寺は常楽寺である。また、現在の菅原神社の北西にあたるザビエル公園付近が、当時の港と推定されている。

開口神社を訪ねた後、その境内を西へ出ると南北にアーケード街（山之口商店街）がのびている。このアーケード街を北へ出た所が大小路であるが、大小路を北へ渡った先から南北の通りが少し下がっている。大小路を渡った最初の交差点の北東が現在の菅原神社であるが、すぐ西が砂堆の稜線上をはしる紀州街道であるため、この地形の下がりは、堺北庄の東で、堺南庄の北から後背低地に向かって下降する斜面と一致しているようにも見える。

想像をたくましくすれば、北の狭い砂堆の一角に港湾施設を設け、南の広い砂堆面と段丘低位面上にひらかれた開口神社とその門前が、中世堺津の原型だったのだろうか。

なお、このような砂堆と後背湿地（低地）の組み合わせは住吉大社でも見られ、当社の場合は、おそらく住吉大社の南を流れる細江川と後背低地によって形成された入江を利用して住吉津《すみのえのつ》が築かれたのであろう。

ところで、堺北庄の砂堆と堺南庄の砂堆のように、ふたつの地区に分かれた浜に立地して、その核に宗教施設を持った港湾都市という点で対照されるのが、博多である。博多では、発掘調査により一一世紀中頃から後半に遺構と遺物が増加する。博多は、現在の博多駅から地下鉄で一駅の祇園を中心とした博多浜と、その次の駅の呉服町より海側にあった息浜（沖の浜）のふたつの地区から構成され、日宋貿易との関係で都市化が進んだと考えられているが、その核になったのが博多浜の聖福寺や承福寺であり、博多綱首と称された有力な宋商人たちであった。

さらに一三世紀末の永仁年間には鎮西探題が博多に置かれることで大宰府との政治的地位が逆転し、南北朝期には室町幕府の出先機関である九州探題も博多に置かれる。これらの動向は、堺が南北朝期に政治経済の中心地となったことと重なる。

一方息浜にあった妙楽寺は、遣明施設の宿泊所と形容され、大友氏と大内氏との間で領有をめぐる争いが続いたが、大内氏が息浜に執着したのは、そこが海外貿易の拠点であったことによると考えられている。

膨大な研究史を持つ中世最大の港湾都市博多に対してあまりに断片的な見方ではあるが、中世初期に起源を持つ港湾都市の特質は、堺と博多の中にあると考える。ただし、博多津の視野を海の中道まで広げれば、箱崎や香椎浜および誓願寺の今津などを含めて、その構造は宮津や六浦津とも類似する。注意の必要な点である。

二　中世都市の源流

韮山（静岡県）と平泉（岩手県）

◎交通機関
韮山史跡北条氏邸跡：伊豆箱根鉄道 韮山駅から徒歩15分
平泉柳之御所遺跡：JR東北本線 平泉駅から徒歩10分

JR東海道線三島駅から伊豆箱根鉄道の修善寺行きで一七分。韮山（現・伊豆の国市）は伊豆の低い山並みで東西を挟まれた田方平野のほぼ中央に位置する。平野のやや西には、天城山を源流とする狩野《かの》川が蛇行しながらゆっくり北へ流れ、駅の東にはのどかな田園風景が広がっている。けれどもこの地には、鎌倉幕府を開いた源頼朝と北条時政、室町時代の堀越公方だった足利政知、そして戦国大名の北条早雲など、東国の中世史を代表する激動の歴史にまつわる濃密な記憶が眠っているのである。

このうちの前二者にちなむ鎌倉時代の館や寺院の集中する場所が、韮山駅から南西へ徒歩二〇分ほどの守《も》山《やま》周辺である。守山は狩野川の右岸に接する標高一〇〇メートルほどの独立山塊で、南側は岩盤の露出する急斜面であるが、北側は三つの尾根に分かれて緩やかに下降し、源頼朝と北条氏関係の館や寺院の遺跡は、これら北側の尾根にはさまれた平坦部に立地する。

最も代表的な遺跡は、狩野川に面する守山の北西平坦部に位置する。一二世紀後半から一三世紀前半の大量の中国陶磁器や京都系の手捏ねかわらけと共に、規則的に並んだ建物跡が見つかり、北条氏の中心館（史跡北条氏邸跡）と推定されている。

この遺跡から、守山の北尾根を隔てて東に位置するのが願成就院《がんじょうじゅいん》跡である。同寺は、北条時政が文治五年（一一八九）に頼朝の奥州攻めを祈願して建立したと『吾妻鏡』に登場するが、それ以前にさかのぼる北条氏の氏寺とも考えられている。現在の本堂の南に塔跡と推定される遺構を残し、住宅地になっている寺の北側には、守山の裾から北東へ向かって広がる池があったと推定されている。守山山頂を背景に堂舎を設け、その前面に池を配した構成は、浄土系の庭園とも見える。

図 5-11　韮山の守山（著者撮影）

願成就院の北は光照寺跡で、近世の地誌には頼朝亭跡と記され、鎌倉時代初期の井戸が見つかっている。

このような守山に隣接する北条氏関係の遺跡も含めて、韮山の中世をマクロ的に見る試みをおこなっているのが、伊豆の国市教育委員会の池谷初恵氏である。

守山の山頂から見渡せば、北には沼津に続く狩野川の水面が光り、東には水田地帯を隔てて伊豆の山並みと韮山城が見える。北東の先に小さく見える三嶋大社の森から手前に目を移せば、韮山駅を経て、眼下を国道一三六号線が南下する。そしてその西を、国道と少し軸をずらして南北に走っているのが、三嶋大社を起点とする下田街道である。

願成就院跡と伝頼朝亭跡の光照寺跡は、この下田街道に面して南北に並んでおり、さらにその北の調査地点からも、鎌倉時代の銅製の銚子や中国製の青白磁合子が出土している。また、その西の北条氏館跡の北側（史跡伝堀越御所跡）からも、鎌倉時代の井戸が見つかっている。池谷氏はこのような状況から、北条氏関係の邸宅群が下田街道を軸として、守山の北へも広がっていたと考え、それらの空間構成を「御館と御堂」と表現する。

池谷氏にならってさらに視野を広げれば、狩野川の左岸には北条泰時が幼少期を過ごした江間（江馬）の集落が見え、その谷の西は、低い峠を経て直ぐに駿河湾につながっている。韮山駅の西には八坂神社が鎮座して四日市の地名が伝わる。北条氏の本拠とは、守山を中心として、狩野川の両岸を含んだ広い範囲で考えられるものであり、そこは同時に水陸交通の要衝であり、流通の結節点としての要素を兼ね備えていた場所だったと言える。

平安時代末期から鎌倉時代初期に、川と流通、そして館と御堂の要素から構成される同様な空間として思い浮かぶのが平泉と鳥羽離宮および法住寺殿である。このうち秀衡時代の平泉については、無量光院の北に平泉政庁といった公的機能を持つ平泉館が、東に秀衡と泰衡が日常の居所とした伽羅御所があったという、「御所」と「御堂」と「館」の三つの施設から構成されていたと推定されている。またこれに加えて、衣川地区は「流通」の役割を担った場所として見ることもできる。

一方、鳥羽上皇期の鳥羽離宮と法住寺殿についても、「儀式空間」としての南殿と「日常空間」としての北殿または東殿および、「御堂」である安楽寿院または蓮華王院といった三つの施設から構成されていたことがわかってきており、鳥羽離宮については淀が、法住寺殿については伏見が「流通」を担う場だったと考えられている。

したがって、このような中世都市の源流を構成する要素に基づいて韮山を見れば、無量光院や蓮華王院の代わりに願成就院があてられ、守山北西の北条氏邸跡と北東の鎌倉時代遺跡は「日常空間」または「儀式空間」と考えられる可能性もある。ただしその場合、「流通」の場はどこに求めることができるのだろうか。今後の調査に大きな期待が寄せられる。

おわりに――中世都市遺跡の姿

日本の中世社会を考える時、中世都市は避けて通ることのできない大きなテーマである。その姿は古代には見られず、一方で現代社会は常に都市をめぐる様々な問題と対峙する中にある。その意味で中世都市を考えることは、そのまま現代社会を考えることにつながる。

このような中世都市と都市遺跡研究にとっての重要なテーマが、その形や内部構造の解明であると同時に、中世都市それぞれの求心力が何であり、また中世都市同士がどのように関係して地域社会を形成していたのかであることは、すでにⅠ「日本の中世都市遺跡研究を振り返って」の中で記した。

ただしこれまで見てきたように、求心力の姿は多様で、それは地域によっても時代によっても異なる。中世都市と都市遺跡を見えづらくし、多くの議論を生んできた最も大きな理由がここにある。

そこで本書はこの点に鑑み、それぞれの中世都市と都市遺跡の求心力をできるだけ忠実にかつ客観的に確認することを目標に、多彩で詳細な情報を収集し、それをマクロ的かつミクロ的に総合することで、そこに何があり何が行われていたかについて説明する歴史的景観復原の手法を重視してきた。

中世の人達が住んでいた場所もその生活も社会も、現在の私たちと同様に、彼らにとってみれば、それほど特別なものではなかった。彼らは、時には必要にせまられることがあったとしても、結果的にそこに住むのが当然だったからそこに住み、その地域の風土にあった生活をしていた。したがって中世の人々の生活とその社会を明らかにするためには、彼らがどこでどのような環境の中にあったのかを、彼らの目線に立ち説明することから始めることが重要である。

中世都市と都市遺跡を見るときのポイントも同様である。その中でも本書ではとくに、これまで訪れた中世遺跡にこだわり、中世に生きていた人々と同じ世界に自分を置いて、そこで取得した情報と会得した感覚に基づき、中世人と同じ視線で見た世界の再現につとめた。そうすることによって各地の中世都市や都市遺跡は、様々な役割によって異なった貌を持った地域拠点としての姿を見せてくれた。本書の各所に多く登場する「風景」というキーワードは、その意味を含んでいる。

ところで「はじめに」で書いたように、石井進氏は、『中世のかたち』（中央公論新社『日本の中世』第一巻）の中で、中世と呼ばれる時代の常識的に思い浮かぶ特徴として、次の五つのポイントをあげた。

第一が政治権力の分散化、第二が武士勢力の優越、第三が封建制という「人間の鎖」の仕組み、第四が土地に対する重層的な権利関係、第五が仏教を中心とする宗教である。

これに対して各地の中世都市遺跡を振り返ってみれば、中世都市善光寺の門前が、鎌倉と京都の権力が錯綜した典型であったように、中世都市の多くは、分散した政治権力と対応するように重層的な構造を持っている。これは中世の京都が中心と周辺から構成されていたことにもつながる可能性がある。また武士勢力の優越が、中世都市を象徴する館の成立と深く関わっていることは言うまでもないだろう。

第三と第四の特徴については、現在まだ具体的に対比できる例を持たないが、第五の特徴については、西大寺流教団の活動にとどまらず、都市の成立と発展に寺社が大きな役割を果たしていたことは博多や堺の事例から明らかで、さらにその広範な活動は東の土器皿と西の土器碗に関わった日吉大社や石清水八幡宮、そして石鍋に関係した東福寺が示している。なお城塞都市となった白山平泉寺や敏満寺、根来寺や山科本願寺と石山本願寺など、その活発な活動が戦国時代まで続いたこともよく知られている。

そしてこれらの特徴の出現背景に、気候変動とその影響を受けて繁栄した東日本の存在があったとした点は、列島全体をつなぐ広域ネットワークの成立に関わり、港湾都市の成立につながる。中世都市鎌倉が六浦や藤沢を含めて考えなければならないことや、北海道の勝山館から沖縄のグスクまでの日本海沿岸域を中心に分布する城塞型の都市はその代表である。

その意味で多彩な「風景」を持ち、一言では語ることのできなかった中世都市と都市遺跡の姿は、実は石井進氏が整理をした「中世のかたち」そのものであったと言えることになる。したがって一見すると回り道のようにも思えるが、「中世のかたち」と対照しながら、多彩な「風景」を生み出した地域に対する視線と、地域を超えたネットワークについての視点をふまえた「中世都市の姿」を確認し続けることが、今最も確かな中世都市研究の方向だと考えている。

「はじめに」とI「日本中世都市遺跡研究の軌跡と方法」の内、「日本の中世都市遺跡研究を振り返って」は新稿で、「中世南河内の歴史的景観復原」は『中世村落と地域性の考古学的研究』（一九九八）の一部に、『南河内における中世城館の調査』（二〇〇八）を加え、歴史的景観復原の視点で見直した。

II「鎌倉時代の風景」は、「信濃国伴野の市庭にて」が『長野県考古学会誌』（二〇〇二）、「平清盛の福原と大輪田の泊」が『交流・物流・越境』（二〇〇五）、「『沙石集』と尾張国『富田荘絵図』の世界」が『地域学から歴史を読む』（二〇〇四）をもとにしている。III「室町時代の風景」は、「石見の館と因幡の館」が『日本海域歴史大系』第3巻（二〇〇五）、「城塞都市敏満寺遺跡の出現」が『敏満寺遺跡石仏谷墓跡』（二〇〇五）の一部を、IV「中世の都市をつなぐ人々」は『国立歴史民俗博物館研究報告』第九二集（二〇〇二）所収の論文をもとにしている。

Ⅴ「中世都市遺跡を歩く」は一部を除きほとんどが新稿である。中でも六所宮門前、東海道見付国府、松尾城、西大寺観音院門前、園瀬川、六浦津は新たに訪れた遺跡と地域であり、善光寺門前、唐古氏館、堺、韮山についてては本書の視点をふまえて改めて踏査した成果である。

様々な中世都市遺跡の姿を見てきたが、書き足りなかった遺跡がまだ多く残っている。荒井猫田遺跡（福島県）や鎌倉街道上道の苦林《にがばやし》宿跡と推定されている堂山下遺跡（埼玉県）など東日本の宿については飯村均氏の『中世奥羽のムラとマチ』が詳しいが、『玉葉』に「勢多・野地等在家数千宇」と記された野路宿との関係が示唆されている野路岡田遺跡（滋賀県）や奥大道に関わる王ノ壇遺跡（宮城県）も重要である。

港湾都市遺跡についても、伊藤裕偉氏の『中世伊勢湾岸の湊津と地域構造』で研究の進んでいる安濃津遺跡群（三重県）や、山村亜希氏が『中世都市の空間構造』の中で詳しい整理をおこなった大友府内（大分県）に加えて、一九九三年度の日本考古学協会シンポジウムで注目された越後府中（新潟県）は、親鸞から謙信まで続いた東西日本海交通の重要拠点として改めて検討する必要がある。また、北東日本海交通の重要拠点である十三湊（青森県）は言うまでもない。

さらに下古館遺跡（栃木県）や吉川元春館とその周辺（広島県）など、伊藤毅氏の『都市の空間史』

の視点も取り入れながら、マクロな視野とミクロの視点で、歴史的景観復原を行う必要のある中世遺跡は枚挙にいとまがない。

『よみがえる中世』と『中世の風景を読む』がシリーズの刊行を終えて約一五年経った。最近、その後の研究の深化を示す著作の刊行やシンポジウムが続いている。博多については大庭康時氏が『中世都市・博多を掘る』をまとめ、ヨーロッパにまで視野を広げた高橋慎一朗氏と千葉敏之氏による『中世の都市』や今谷明氏の『王権と都市を歩く』も注目される。二〇〇九年七月には、中世前期地域社会研究会主催のシンポジウム「列島の鎌倉時代」が、地域性とネットワークをキーワードにして開かれた。

一方、三浦周行氏の『日本史の研究』第一輯下（一九二二）の第四編歴史地理は、第一章が「都市の発達」で第二章が「港湾の発達」である。第一章では鎌倉と兵庫と堺から戦国時代の城下町までの都市の変遷が流通と商業を軸に論述されるとともに、大坂が門前町と城下町と町人町の三つの視点から整理され、第二章ではあらためて堺と兵庫そして小浜の港湾都市の様相が詳述されている。地勢を含めたその中世都市像には、今もなお学ぶべきところが多い。

石井進氏は、北関東における中世武士の館の風景と構造について、また一乗谷朝倉氏遺跡について、文献史研究の立場から豊かな歴史像を描いた。中世の考古学は、これまでの中世都市研究の成果をふまえながら隣接諸分野との積極的な協業を一層すすめることによって、リアリティのある歴史叙述に努め、今後もこれにこたえていかなければならないと考えている。

あとがき

二〇〇八年に『中世京都の軌跡』を刊行した時、京都以外の中世遺跡についてもまとめなければならないと思っていた。卒論と修論は中世の京都を対象としていたが、同時期に書いていたのは中世の信濃についての論文だった。常に日本列島全体の遺跡から中世社会を見直すことを心がけ、その後も時間を作っては各地の遺跡を巡った。中世都市研究会の報告は、最初が大坂で次が京都でその次が神戸だった。その中で実感したことが、京都の中世は列島の中世社会との相対的な関係で見ていかなければならないこと、そして同時に列島の中世社会は京都の動向抜きには語ることができないことだった。

およそ十年間その両者をつなぐキーワードを探して辿り着いたのが「市」と「館」だった。それは京都と日本列島の各地を象徴する言葉であり、中世の西国と東国を象徴する言葉でもあり、また誤解を恐れずに言うことが許されるならば、私にとっての網野善彦氏と石井進氏を象徴する言葉でもあったように思う。

そしてその時に忘れてはいけないもう一つの重要なキーワードが、学部と大学院を通じて森浩一先生から学んだ「地域学」と「総合学」の視点である。現在その教えを受け継ぎ、後進に伝えるべく教壇に立っているが、これからの考古学研究には、このように遺跡を歴史学の核に置いた見方が一層求められるようになると考える。

また各地の遺跡を訪れ、多くの知見を得ることができたのは、遺跡調査の最前線で日々研鑽を続けている各地の研究者のご協力による。中でも今回は、V「中世都市遺跡を歩く」の執筆に際して直接、間接に多くの方々のお世話とご教示をいただいた。一緒に遺跡を歩き地域を見渡すことで、いくつもの新しい発見が生まれた。さらに本書の執筆過程で、高橋慎一朗氏や名古屋市教育委員会の市澤泰峰氏および、同志社大学文化情報学研究科の古田節君と諸頭伸行君との有益な意見交換があった。また表紙の「市」と「館」の文字は、書家の有門大佑氏によるものである。あわせて深く感謝を申し上げる。

昭和堂の大石泉氏には、当初の予定から何度となく変更があったにもかかわらず、辛抱強く原稿が仕上がるのを待っていただいた。本書を作り込むことができたのは氏と、いつものように最初の読者になってくれた妻のおかげである。深く感謝したい。

二〇一〇年四月

参考文献

平凡社『よみがえる中世』一九八八～一九九四
網野善彦・石井進編『中世都市と商人職人』名著出版　一九九二
網野善彦・石井進編『中世の風景を読む』新人物往来社　一九九四～一九九五
中世都市研究会『中世都市研究』新人物往来社　一九九四～

豊田武「中世における神人の活動」『東北大学文学部研究年報』第1号　一九五一
網野善彦『蒙古襲来』（日本の歴史10）小学館　一九七四
石井進『中世武士団』（日本の歴史12）小学館　一九七四
仲村研「八条院町の成立と展開」『京都「町」の研究』（秋山國三共著）法政大学出版局　一九七五
千々和実「板碑」『塔・塔婆』（新版仏教考古学講座　第3巻）雄山閣出版　一九七六
大山喬平「絹と綿の荘園」『日本中世農村史の研究』岩波書店　一九七八
脇田晴子『日本中世都市論』東京大学出版会　一九八一
小西瑞恵「河内源氏の形成と展開」『大阪樟蔭女子大学論集』十八号　一九八一
樋口州男「円覚寺領尾張国富田荘絵図について」『荘園絵図研究』東京堂出版　一九八二

嵩元政秀「沖縄のグスク時代」『シンポジウム　沖縄の古代文化』小学館　一九八三
網野善彦『日本中世の非農業民と天皇』岩波書店　一九八四
金田章裕『条里と村落の歴史地理学研究』大明堂　一九八五
黒田日出男「堺相論絵図の境界」『境界の中世　象徴の中世』東京大学出版会　一九八六
網野善彦『中世再考』日本エディタースクール　一九八六
井原今朝男「鎌倉時代の社会」『長野県史』通史編第2巻中世1長野県　一九八六
千々和実「八幡信仰と経塚の発生」『墳墓と経塚』（日本考古学論集6）一九八七
橋口定志「中世居館の再検討」『東京考古』5　一九八七
網野善彦・石井進ほか『中世の都市と墳墓』日本エディタースクール　一九八八
藤原良章「中世の食器・考」『列島の文化史』5　日本エディタースクール出版部　一九八八
橋口定志「中世方形館を巡る諸問題」『歴史評論』454　一九八八
原田信男「中世の村落景観」『村落景観の史的研究』八木書店　一九八八
小川都弘「尾張国富田荘絵図の空間叙述」『絵図のコスモロジー』（下巻）地人書房　一九八九
松崎水穂「道南の和人の館」『よみがえる中世』4平凡社　一九八九
橋口定志「中世東国の居館とその周辺」『日本史研究』330　一九九〇
吉岡康暢「珠洲焼から越前焼へ」『海と列島文化』第1巻小学館　一九九〇
石井進『中世史を考える』校倉書房　一九九一
井上寛司「中世西日本海地域の水運と交流」『海と列島文化』小学館　一九九一
工藤清泰「東北北半の城館」『中世の城と考古学』新人物往来社　一九九一

橋口定志「方形館はいかに成立するのか」『争点日本の歴史4 中世編』新人物往来社 一九九一
菅原正明「根来寺出土の備前焼大甕と流通ルート」『瀬戸内の海人文化』(海と列島文化 第9巻) 小学館 一九九一
中井均「中世の居館・寺そして村落」『中世の城と考古学』新人物往来社 一九九一
沖縄県立博物館友の会『城(グスク)』一九九二
川嶋将生「東寺領八条院町の構造と生活」『中世京都文化の周縁』思文閣出版 一九九二
飯沼賢司「権門としての八幡宮寺の成立」『中世成立期の歴史像』東京堂出版 一九九三
平泉文化研究会編『日本史の中の柳之御所跡』吉川弘文館 一九九三
陳舜臣・森浩一ほか『南海の王国 琉球の世紀』角川書店 一九九三
五味文彦「『一遍聖絵』の都市の風景」『都市と商人・芸能民』山川出版社 一九九三
郷道哲章「武士と館」ほか『佐久市志』歴史編(2)中世 佐久市 一九九三
松田直則「「中世江ノ村」の復元」『中村・宿毛道路関連遺跡発掘調査報告書』I(高知県埋蔵文化財センター発掘調査報告書)第一三集)一九九三
網野善彦『日本社会再考』小学館 一九九四
鎌倉考古学研究所『中世都市鎌倉を掘る』日本エディタースクール 一九九四
當眞嗣一「グスクの発掘」『中世の風景を読む』7新人物往来社 一九九五
岡陽一郎「中世居館再考」『中世の空間を読む』吉川弘文館 一九九五
井上寛司「三宅御土居と益田氏」『中世の風景を読む』4新人物往来社 一九九五
玉井哲雄・藤井恵介『建築の歴史』中央公論社 一九九五
五味文彦『大仏再建』講談社 一九九五

玉井哲雄「武家住宅」『絵巻物の建築を読む』東京大学出版会　一九九六
網野善彦『日本中世都市の世界』筑摩書房　一九九六
伊藤邦弘「遊佐荘大楯遺跡について」『月刊歴史手帖』第24巻10号　一九九六
飯村均・八重樫忠郎「大楯遺跡再考」『月刊歴史手帖』第24巻10号　一九九六
河野眞知郎「遊佐荘大楯遺跡と鎌倉」『月刊歴史手帖』第24巻10号　一九九六
近藤好和『弓矢と刀剣』吉川弘文館　一九九七
吉岡康暢「新しい交易体系の成立」『交易と交通』（考古学による日本歴史9）雄山閣出版　一九九七
飯村均「平泉から鎌倉へ」『宴をめぐる日本文化の歴史的総合研究』（財団法人サントリー文化財団1996年度研究助成報告）生活史研究所　一九九七
藤原良章「中世の食器・考」『列島の文化史』5　日本エディタースクール出版部　一九九八
馬淵和雄『鎌倉大仏の中世史』新人物往来社　一九九八
鋤柄俊夫『中世村落と地域性の考古学的研究』大巧社　一九九九
水澤幸一「中世越後の城館」『中世の越後と佐渡』高志書院　一九九九
坂井秀弥「中世越後の村・家・住まい」『中世の越後と佐渡』高志書院　一九九九
高橋昌明『武士の成立武士像の創出』東京大学出版会　一九九九
柳原敏昭「中世前期南九州の港と宋人居留地に関する一試論」『日本史研究』448　一九九九
宝珍伸一郎「白山信仰の拠点寺院平泉寺における中世都市形成の要素」『都市の求心力』新人物往来社　一九九九
小野木学『顔戸遺跡』岐阜県文化財保護センター　二〇〇〇
木内寛「伴野氏館」『信濃中世の館跡』信毎書籍出版センター　二〇〇〇

伊藤裕偉「中世前期の「屋敷」と地域開発」『ふびと』第五三号（三重大学歴史研究会）二〇〇一
金沢区制五十周年記念事業実行委員会『図説　かなざわの歴史』神奈川新聞社出版局　二〇〇一
石井進『中世のかたち』（日本の中世1）中央公論社　二〇〇二
入間田宣夫・本澤慎輔『平泉の世界』高志書院　二〇〇二
宮下貴浩「山岳寺院と港湾都市の一類型」『古代文化』第五五巻2号　二〇〇三
鋤柄俊夫「北の「城」と南の「城」」『遺跡と景観』高志書院　二〇〇三
續伸一郎「戦国の自治都市　堺」『戦国時代の考古学』高志書院　二〇〇三
工藤清泰「浪岡地域における古代・中世の歴史景観」『遺跡と景観』高志書院　二〇〇三
田中文英『院政とその時代』思文閣出版　二〇〇三
鋤柄俊夫「村・町・都市の考古学—『沙石集』からみた中世東海の風景」『地域学から歴史を読む』大巧社　二〇〇四
深澤靖幸「中世の武蔵府中」『中世東国の世界2南関東』高志書院　二〇〇四
鈴木康之ほか「滑石製石鍋の産地同定と流通」『中世瀬戸内の流通と交流』塙書房　二〇〇五
鋤柄俊夫「京の〝鎌倉〟—薬研堀・石鍋そして持明院—」『交流・物流・越境』新人物往来社　二〇〇五
櫻井成昭『六郷山と田染荘遺跡』同成社　二〇〇五
伊藤裕偉「雲出島貫遺跡と伊勢国木造荘」『鎌倉時代の考古学』高志書院　二〇〇六
水澤幸一『奥山荘城館遺跡』同成社　二〇〇六
多賀町教育委員会『敏満寺は中世都市か』サンライズ出版　二〇〇六
鈴木康之「滑石製石鍋の流通と消費」『鎌倉時代の考古学』高志書院　二〇〇六

伊藤裕偉『中世伊勢湾岸の湊津と地域構造』岩田書店　二〇〇七
鋤柄俊夫『中世京都の軌跡』雄山閣　二〇〇八
五味文彦『躍動する中世』（日本の歴史第5巻）小学館　二〇〇八
入間田宣夫『平泉・衣川と京・福原』高志書院　二〇〇七
鈴木陽一『日根荘遺跡』同成社　二〇〇七
佐々木浩一『根城跡』同成社　二〇〇七
鈴木康之『中世瀬戸内の港町』新泉社　二〇〇七
高橋昌明『平清盛　福原の夢』講談社　二〇〇七
吉田博行「会津蜷河荘成立前後の様相」『中世会津の風景』高志書院　二〇〇七
京都府埋蔵文化財調査研究センター『史跡及び名勝笠置山現地説明会資料』二〇〇七
佐藤亜聖「中世都市奈良と火災」『第14回　中世都市研究会資料集（開発と災害）』二〇〇七
美川圭「院政と伏見」『朱』第五一号伏見稲荷大社　二〇〇八
池谷初恵「伊豆における北条氏の館跡について」『金沢文庫研究』321　二〇〇八
深澤靖幸『武蔵府中と鎌倉街道』府中市郷土の森博物館　二〇〇九
玉水光洋『大友宗麟の戦国都市』新泉社　二〇〇九
飯村均『中世奥羽のムラとマチ』東京大学出版会　二〇〇九

◎著者紹介

鋤柄 俊夫（すきがら としお）

1958年長野県生まれ
同志社大学大学院文学研究科博士課程前期修了。博士（文化史学）
㈶大阪文化財センターを経て、
現在、同志社大学文化情報学部教授
専攻は日本考古学（中世）および文化史学

著書に
『日本中世の軌跡—道長と義満をつなぐ首都のかたち』雄山閣 2008年
『中世村落と地域性の考古学的研究』大巧社 1999年

日本中世都市遺跡の見方・歩き方
——「市」と「館」を手がかりに

2010年5月25日 初版第1刷発行

著　者　鋤 柄 俊 夫
発行者　齋 藤 万 壽 子
発行所　株式会社 昭和堂
〒606-8224 京都市左京区北白川京大農学部前
振替口座 01060-5-9347
TEL（075）706-8818／FAX（075）706-8878

印刷 亜細亜印刷

ISBN 978-4-8122-1014-7